NOFRET - DIE SCHÖNE

W0184426

NOFRET – DIE SCHÖNE

Die Frau im Alten Ägypten

HAUS DER KUNST MÜNCHEN
15. Dezember 1984 — 24. Februar 1985

ÄGYPTISCHES MUSEUM BERLIN
23. März 1985 — 17. Juni 1985

ROEMER- UND PELIZAEUS-MUSEUM HILDESHEIM
15. Juli 1985 — 4. November 1985

Ehrenkomitee

Abdel Hamid Radwan
Minister für Kultur der
Arabischen Republik Ägypten

Dr. Esmat Abdel Megid
Außenminister der
Arabischen Republik Ägypten

El-Schafei Abdel Hamid
Botschafter der Arabischen
Republik Ägypten in der
Bundesrepublik Deutschland

Dr. Ahmed Qadri
Präsident der Ägyptischen
Altertümerverwaltung

Dr. Gamal Mokhtar
Ehemaliger Präsident der
Ägyptischen Altertümerverwaltung

Prof. Dr. Hans Maier
Bayerischer Staatsminister
für Unterricht und Kultus

Hans-Dietrich Genscher
Außenminister der
Bundesrepublik Deutschland

Dr. Kurt Müller
Botschafter der
Bundesrepublik Deutschland in der
Arabischen Republik Ägypten

Ernst Wild
Präsident der Ausstellungsleitung
Haus der Kunst München e. V.

Dr. Hermann Kern (†)
Direktor der Ausstellungsleitung
Haus der Kunst München e. V.

Arbeitskomitee

Ibrahim el-Nawawi, Kairo

Mohamed Mohsen, Kairo

Dr. Mohamed Saleh, Kairo

Dr. Arne Eggebrecht, Hildesheim

Magdalena Huber-Ruppel, München

Dr. Sylvia Schoske, München

Prof. Dr. Jürgen Settgast, Berlin

Prof. Dr. Dietrich Wildung, München

Schirmherrschaft

Mohamed Hosni Mubarak
Präsident der
Arabischen Republik Ägypten

Dr. Richard von Weizsäcker
Präsident der
Bundesrepublik Deutschland

Ministerium für Kultur
Ägyptische Altertümerverwaltung

Im Namen des
barmherzigen und
gnädigen Gottes

Die Ausstellung »Die Frau im Alten Ägypten«, die in den drei Städten München, Berlin und Hildesheim gezeigt wird, ist ein neuerliches eindrucksvolles Zeichen der traditionellen, alten Freundschaft zwischen dem deutschen und ägyptischen Volk.
Sie dient der Fortführung und Intensivierung unserer bereits im vergangenen Jahrhundert geknüpften und bis heute immer weiter ausgebauten wissenschaftlichen Zusammenarbeit mit der traditionsreichen deutschen Ägyptologie.
Frühere gemeinsame Ausstellungen leisteten einen Beitrag für das Projekt der Rettung der nubischen Denkmäler. Diese Ausstellung nun wird die Errichtung des Nationalmuseums der ägyptischen Kultur in Kairo und des Nubien-Museums in Assuan unterstützen.
Das große deutsche Volk hat stets sein großes Interesse für Kultur und Zivilisation Ägyptens gezeigt und fühlt sich in Freundschaft unserem nationalen Kulturerbe verpflichtet. Unsere gemeinsame ägyptologische Tradition wird von Dauer sein.

Der Präsident der
Ägyptischen Altertümerverwaltung

Dr. Ahmed Qadri

بسم الله الرحمن الرحيم

وزارة الثقافة
هيئة الآثار المصرية

E A O
هيئة الآثار المصرية

يمثل هذا المعرض " المرأة في مصر القديمة " والذى سيعرض في ثلاث مدن المانية : ميونيخ / برلين / هيلدزهايم - علامة هامة على طريق طويل من تقاليد صداقة عريقة بين الشعبين الالماني والمصرى كما يدعم المزيد من العلاقات العلمية للدور العلمى المميز للمدرسة الالمانية في الاثار المصرية منذ القرن الماضى وحتى عقودنا الراهنة .

وهذا المعرض هو المعرض الرابع الذى يقام بالمانيا الاتحادية . وكما أسهمت المعارض السابقة في مشروعات انقاذ آثار النوبة فان هذا المعرض الراهن سيسهم أيضا في اقامة مشروعى المتحف القومى للحضارة المصرية بالقاهرة ومتحف آثار النوبة بمدينة أسوان .

ان الشعب الالمانى العظيم الذى يقدر المعطيات الانسانية والثقافية لحضارة مصر القديمة سيظل دائما صديقا لتراثنا القومى الاثرى وستظل تقاليد التعاون العلمى في مجال المصريات راسخة دوما كما بدأت .

رئيس هيئة الاثار المصرية

" د . احمد قدرى "

Eine Ausstellungstournee der

Ägyptischen Altertümerverwaltung Kairo

im Abkommen mit der
Ausstellungsleitung
Haus der Kunst München e.V.
und der
Staatlichen Sammlung
Ägyptischer Kunst München
zu Gunsten der Errichtung
des Nationalmuseums
der Ägyptischen Kultur in Kairo

Umschlag: Nr. 71
Frontispiz: Nr. 31

Die Ausstellung wird veranstaltet vom

Roemer- und Pelizaeus-Museum

D-3200 Hildesheim, Am Steine 1-2

Sie ist täglich von 9.00 bis 18.00 Uhr, mittwochs bis 21.00 Uhr geöffnet
und dauert vom 15. Juli bis 4. November 1985

Ausstellungsgestaltung:
Rolf Schulte

Technische Durchführung:
Gerhard Busch
Heinrich Retzlaff
Werner Schwarzbach

Wissenschaftliche Bearbeitung und Katalog:
Prof. Dr. Dietrich Wildung
Dr. Sylvia Schoske
in Zusammenarbeit mit Studentinnen und Studenten des Instituts für Ägyptologie
der Universität München

Photos: Jürgen Liepe, Berlin

Transporte: E. Hasenkamp, Köln/München

Katalog-Handbuch: 200 Seiten mit 90 Farb- und 6 Schwarzweiß-Abbildungen
© 1984, Ägyptische Altertümerverwaltung, Kairo
und Verlag Philipp von Zabern, Mainz
Alle Rechte, insbesondere das der Übersetzung in fremde Sprachen, vorbehalten.
Ohne ausdrückliche Genehmigung des Verlages ist es auch nicht gestattet, dieses
Buch oder Teile daraus auf photomechanischem Wege (Photokopie, Mikrokopie)
zu vervielfältigen.
ISBN 3-8053-0806-X · ISBN 3-8053-0832-9 (Museumsausgabe)
Satz: Typo-Service Mainz
Lithos: Witzemann & Schmidt, Wiesbaden
Papier: Papierfabrik Scheufelen, Lenningen
Gesamtherstellung: Zaberndruck, Mainz am Rhein
Printed in Germany / Imprimé en Allemagne

Inhaltsverzeichnis

Die Ausstellung wird gezeigt in:

München, Haus der Kunst	15. 12. 1984 — 24. 2. 1985
Berlin, Ägyptisches Museum	23. 3. 1985 — 17. 6. 1985
Hildesheim, Roemer- und Pelizaeus-Museum	15. 7. 1985 — 4. 11. 1985
Brüssel, Musées Royaux d'Art et d'Histoire	1. 12. 1985 — 28. 2. 1986
Barcelona, Caja de Pensiones	1. 4. 1986 — 30. 5. 1986
Madrid, Caja de Pensiones	15. 6. 1986 — 15. 8. 1986
Genf, Musée d'Art et d'Histoire	4. 9. 1986 — 30. 11. 1986

Vorwort

Als im Jahr 1982 von der Ägyptischen Altertümerverwaltung an die Staatliche Sammlung Ägyptischer Kunst München der Wunsch herangetragen wurde, aus den Beständen des Ägyptischen Museums Kairo eine Ausstellung zum Thema »Die Frau im Alten Ägypten« für eine Welttournee zu konzipieren, war diese Themenwahl nicht allein durch die Fülle und die hohe künstlerische Qualität der Frauenbildnisse in der ägyptischen Kunst bestimmt, sondern ebenso durch das Wissen um die außergewöhnliche Stellung, die die Frau in der altägyptischen Gesellschaft einnahm.

Während der Arbeit am Thema der Ausstellung hat sich die Problematik, Sozialgeschichte im Medium der Kunstausstellung darzustellen, aufs Glücklichste gelöst: Deutlicher, unmittelbarer, objektiver als in juristischen, literarischen und religiösen Texten künden das Bild, Statue und Relief, und ebenso die Gerätschaften des alltäglichen Lebens der Frau von deren Selbstverständnis und Selbstbewußtsein, von der Achtung, die ihr entgegengebracht wurde, von der generellen Gleichrangigkeit und Gleichwertigkeit der beiden Geschlechter.

Das Kunstwerk als historische Primärquelle, an gegebener Stelle durch antike Originaltexte aufgeschlüsselt und erläutert, eröffnet Einsichten und Erkenntnisse, die sich unmittelbar jedem Betrachter mitteilen können. Im Kunstwerk erschließt sich unserem Verständnis ein Bild der Frau im alten Ägypten, das auf der Basis und vor dem Hintergrund einer völlig selbstverständlichen Anerkennung der spezifischen Qualitäten von Frau und Mann steht, einer pragmatischen, nicht wertenden Funktionenteilung, die der Welt der Frau die gleiche existenzielle Bedeutung zuerkennt wie dem Aufgabenbereich des Mannes.

Die Verschiedenheit der Geschlechter ist das Band, das sie zusammenhält, sie aufeinander weist; die Spannung zwischen Beruf und Familie, zwischen Außenwelt und Privatleben, zwischen Vergänglichkeit und Dauer, Tod und Geburt konkretisiert sich im Gegenüber von Mann und Frau und löst sich in deren Neben- und Miteinander zur Harmonie, zu — wie es der Ägypter ausgedrückt hätte — Maat, dem in einer weiblichen Gottheit personifizierten Ordnungsbegriff, der allem Leben zugrundeliegt.

Die Anerkennung der Verschiedenheit der Geschlechter, die Gleichrangigkeit ihrer spezifischen Qualitäten, das Wissen um ihr Aufeinanderangewiesensein, scheiden das Thema Gleichberechtigung aus der altägyptischen Sozialgeschichte aus und ersetzen es durch die Selbstverwirklichung der Frau und des Mannes, durch die Achtung vor dem Anderssein des anderen Geschlechts.

Die Kunstwerke der Ausstellung NOFRET sind nicht tendenziös ausgewählte Belege der Emanzipation der Frau im alten Ägypten, sondern stehen repräsentativ für eine Partnerschaft der Geschlechter, die modern, zukunftweisend wirkt.

Sylvia Schoske — *Dietrich Wildung*

Isis, die Gottesmutter,
groß an Zauberkraft,
die Herrin der beiden Länder.

Inschrift auf der Statuenbasis

1

Sitzfigur der Göttin Isis

Kairo, CG 38884
Basalt
H. 90 cm, Br. 21 cm, T. 47 cm
Aus Sakkâra, Grab des Psametich,
südlich des Jeremias-Klosters
Spätzeit, 26. Dynastie, um 530 v. Chr.

Menschliche Wärme und übermenschliche Majestät vereinigen sich im Bild der Göttin Isis. Als Inbegriff des Weiblichen und Mütterlichen ist sie die im ganzen Volk verehrte Muttergottes; als »Zauberreiche« wirkt sie Wunder und zieht Menschen und Götter in ihren Bann; als Mutter des Horus, der sich im König inkarniert, herrscht sie über die »Beiden Länder«, über Ägypten und über die Welt. Mit ihrem göttlichen Gemahl Osiris wird Isis in der ägyptischen Religion des Hellenismus und der römischen Kaiserzeit zur Universalgottheit, hinter der die vielnamige und vielgestaltige Welt der Erscheinungsformen altägyptischer Götter mehr und mehr in den Hintergrund tritt, bis Isis schließlich als allumfassender Inbegriff des Göttlichen das römische Weltreich erobert und bis in unsere Gegenwart hinein symbolhaft für Altägypten steht.
Die Basaltstatue bildete mit einer Osirisstatue und einer Statue der Hathorkuh eine Dreiergruppe, die im Grab eines »Vorstehers der königlichen Schreiber« namens Psametich in Sakkâra gefunden wurde, sicherlich nicht ihr eigentlicher Standort; Format, Material und die hohe künstlerische Qualität sprechen für eine Aufstellung im Tempelbereich, wohl im Vorfeld des Serapeums, wo Isis und Osiris berühmte Heiligtümer besaßen.

Lit.: G. Daressy, Statues de divinités (CG), 221, Tf. XLIV; Porter-Moss, Topographical Bibliography, III^2, 670-671; J. Leclant (Hrsg.), Ägypten, III, Spätzeit und Hellenismus, München 1981, Abb. 133. Zur Datierung: De Meulenaere, in: Chronique d'Egypte 31, 1956, 235-256; B. V. Bothmer u. a., Egyptian Sculpture of the Late Period, Brooklyn 1960, 64; Abb. 128 auf Tf. 52.

Mann und Frau

Das Denken des alten Ägypters in sich gegenseitig ergänzenden Begriffspaaren ist ein Grundzug seiner Lebensauffassung. Er nennt das Land Ägypten »die Beiden Länder«, dessen Herrscher den »König von Ober- und Unterägypten«, und er beschreibt die Welt vor der Schöpfung als eine Zeit, »in der es noch nicht zwei Dinge gab«. In der altägyptischen Kunst schlägt sich das Prinzip der Dualität in der Verbindung zweier Blickwinkel nieder, aus deren Verschmelzung erst ein gültiges Gesamtbild entsteht.

Eines der elementaren Erlebnisse der Polarität und Harmonie zweier Grundgegebenheiten ist das Verhältnis zwischen Mann und Frau. Im alten Ägypten ist es, so weit textliche und vor ihnen bildliche Quellen zurückreichen, von einer selbstverständlichen Gleichwertigkeit beider Geschlechter geprägt, die sich im Vergleich zu anderen Gesellschaften der Antike, ja der Weltgeschichte überhaupt so außergewöhnlich ausnimmt, daß sie häufig zu einer matriarchaischen Grundtendenz der altägyptischen Kultur überinterpretiert wurde.

Kein Zweifel: Der ägyptische Mann fühlte sich ohne die Begleitung der Frau in seinem Menschsein unvollständig. Ägypter aller Gesellschaftsschichten, vom Handwerker bis zum König, traten in bildlichen Darstellungen häufig mit ihrer Frau auf, und es ist in diesen Bildern eine nahezu ausnahmslos gültige Regel, daß die Frau in diesen Bildern aktiver als der Mann abgebildet wird, ihn bei der Hand fassend, ihn umarmend.

Bilder und Texte lassen keinen Zweifel daran, daß die Verbindung von Mann und Frau nicht nur vorwiegend, sondern fast ausschließlich in der Einehe stattfand. Gelegentliche Nennungen mehrerer Frauen eines Mannes finden eine einfache Erklärung; angesichts der geringen Lebenserwartung und insbesondere der hohen Sterblichkeitsrate während der Schwangerschaft, bei Geburt und Wochenbett kam es oft vor, daß ein Mann eine zweite Ehe einging, der verstorbenen ersten Frau aber in Bild und Text einen Ehrenplatz neben der zweiten Frau einräumte, so daß beide miteinander in seiner Begleitung erscheinen.

Ausnahmen von der Regel der Monogamie kennt vor allem das Königshaus, wo neben der »großen königlichen Gemahlin« weitere »Königsgemahlinnen« bezeugt sind, im Neuen Reich oft ausländische Prinzessinnen, deren Aufnahme in den königlichen Harim primär politische Gründe hat.

Neben der Polygamie gilt es, ein weiteres Fehlurteil über die altägyptische Ehe richtigzustellen, die Geschwisterheirat. Auch sie ist, aus dynastischen Gründen, nur im Königshaus häufiger nachweisbar, während im ägyptischen Volk die Heirat zwischen Geschwistern unüblich war. Verwirrung stiftet in dieser Frage eine Unschärfe der altägyptischen Terminologie: Statt des Begriffes ḥm.t für »Ehefrau« wird oft sn.t verwendet, das in seiner Grundbedeutung »Schwester« heißt, das aber auch, ebenso wie »Bruder«, als Anrede zwischen Liebenden üblich ist. Nur identische Eltern von Mann und Frau könnten also eine Geschwisterehe zweifelsfrei belegen; hierfür aber fehlen, von ganz wenigen strittigen Fällen abgesehen, eindeutige Quellentexte.

Auch die mehrfach belegte Ehe zwischen König und Königstochter, so zwischen Amenophis III. und Sat-Amun oder Ramses II. und drei seiner Töchter, ist ein recht unterschiedlich bewertbarer Befund; vieles spricht dafür, daß es sich um rein nominelle, fiktive Ehen zur Absicherung dynastischer Interessen und zur Begründung priesterlicher Funktionen handelte.

Der Ehestand galt unangefochten als soziales Ideal; das Heiratsalter richtete sich nach dem finanziellen Status der künftigen Ehepartner, lag aber generell recht niedrig. »Nimm dir eine Frau, wenn du zwanzig bist, damit du noch jung bist, wenn du einen Sohn bekommst«, heißt es in einer Lebenslehre. Neben der Eheschließung innerhalb der sozialen Gruppe stand einer Ehe zwischen Angehörigen unterschiedlicher Gesellschaftsschichten nichts im Wege. Ehen zwischen Ägyptern und Ausländern, Nubiern, Syrern, später auch Griechen, sind ebenso belegt wie zwischen Vollbürgern und Sklaven oder Nachkommen von Kriegsgefangenen.

Verpönt ist die außereheliche Beziehung, insbesondere wenn ihr illegitime Nachkommen entstammen. Sie gelten als sozial deklassiert, als »vaterlos«. Die Ehescheidung hingegen, die von beiden Partnern betrieben werden kann, wird weitgehend frei von wertenden Urteilen vollzogen. Sie wird in den altägyptischen Quellentexten als ein primär, fast ausschließlich güterrechtliches Problem gesehen und ist ebenso wie die Eheschließung ein privater Akt. Heirat und Scheidung unterliegen keinerlei staatlicher oder religiöser Aufsicht, keinem festgelegten Verfahren oder Ritual. Nicht einmal die Art und Weise, ja sogar die Existenz von Hochzeitsfeierlichkeiten sind uns bekannt.

Erklärtes Ziel der Ehe sind die Nachkommen. In ihnen erfüllt sich das Leben der Eltern insbesondere durch die Pflicht der Kinder, den Totenkult der Eltern zu versehen und ihnen dadurch ein gesichertes Jenseits zu gewährleisten. Der »liebende Sohn« ist ein geläufiger Titel von Totenpriestern. Die große Bedeutung, die der Ägypter der Nachkommenschaft zumißt, begründet die dominierende Rolle der Frau und Mutter in der altägyptischen Gesellschaft. Der Ehemann, der im Berufsleben steht, schafft durch seine Arbeit die Voraussetzung zur Erfüllung seiner Existenz im Schoß der Familie. Im häuslichen Bereich fügt er sich ein in die Dominanz der Frau, weiß sich ihr dankbar verpflichtet und anerkennt ihre Funktion als nb.t pr, *als »Herrin des Hauses«, wobei mit »Haus« auch das Familienvermögen und dessen Verwaltung gemeint sind.*

Daß die Gleichwertigkeit der beiden Geschlechter in den altägyptischen Texten weniger klar zum Ausdruck kommt als in den bildlichen Darstellungen, erklärt sich daraus, daß das geschriebene Wort der alten Ägypter weitgehend der Männerwelt entstammt; altägyptische Texte spiegeln in diesem berufsbedingten Ausschnitt der Wirklichkeit ein Patriarchat wider, das in der unmittelbareren Sprache der Bilder keine Bestätigung findet. In den Statuen und Reliefs der Gräber, die ja Häuser für die Ewigkeit sind, in denen Ehe und Familie fortbestehen, wird die Lebenswirklichkeit der selbstbewußt handelnden, vom Willen des Mannes unabhängigen Frau unmittelbar lebendig.

Lit.: M. Malaise, in: Studien zur altägyptischen Kultur 5, 1977, 183-198; D. Franke, Altägyptische Verwandtschaftsbezeichnungen im Mittleren Reich, Hamburg 1983; M. S. Shaw, Family life in ancient Egypt, Manchester 1933; Sh. Allam, in: The Journal of Egyptian Archaeology 67, 1981, 116-135.

Zur Frage der Polygamie:
W. K. Simpson, in: The Journal of Egyptian Archaeology 60, 1974, 100-105; N. Kanawati, in: Studien zur altägyptischen Kultur 4, 1976, 149-160; ders., in: Studien zur altägyptischen Kultur 5, 1977, 123-129; B. Vachala, in: Zeitschrift für ägyptische Sprache und Altertumskunde 106, 1979, 87f.; G. A. Gaballa, in: Mitteilungen des Deutschen Archäologischen Instituts, Abteilung Kairo 35, 1979, 75-85; W. Ward, in: Göttinger Miszellen 71, 1984, 51-59.

*Wenn du angesehen bist,
so gründe dir einen Hausstand
und liebe deine Frau im Hause
wie es sich gehört.*

Lehre des Ptah-hotep

2

Familiengruppe des Schepsi

Kairo, CG 22
Kalkstein, bemalt
H. 66 cm, Br. 36 cm, T. 40 cm

Aus Sakkâra, Mastaba Nr. 30 (Mariette D 33), nördlich der Stufenpyramide
Altes Reich, 5. Dynastie, um 2400 v. Chr.

Das Grab holt den Menschen zurück aus seiner dem Diesseits und seinen Pflichten ausgelieferten Existenz in sein eigentliches menschliches Sein. Der Grabinhaber hat in den Grabstatuen seine berufliche und politische Position abgelegt zugunsten seines Privatlebens; an die Stelle offizieller Funktionen ist die Einbindung in den Kreis der Familie getreten, die es für die Ewigkeit zu bewahren gilt.

In der Familiengruppe des Schepsi, seiner Gemahlin Ni-kau-Hathor und ihres Sohnes Schepsi-pu-djed-nedjes sind beide Aspekte des Lebens, der berufliche und der private, nebeneinandergestellt. Zwar ist Schepsi, »Richter und Ältester der Halle«, proportional deutlich größer als seine Frau dargestellt; aber sie, »die Priesterin der Neith«, erreicht als Standfigur dieselbe Kopfhöhe wie der sitzende Mann. Zwar tritt Ni-kau-Hathor hinter Schepsi zurück, aber aus dieser Position im Hintergrund umfaßt sie ihn, nimmt ihn bei der Schulter. Zurückhaltend dominiert sie, fügt der Passivität der Sitzfigur Aktivität und Dynamik zu.

Ihre geachtete Stellung spricht aus der kostbaren Kleidung: Das weiße Kleid ist mit einem Perlennetz bedeckt; die schwach erhaltene Bemalung ahmt bunte Fayenceperlen nach. Über dem natürlichen Kurzhaar (an der Stirne sichtbar) trägt Ni-kau-Hathor eine sorgfältig gescheitelte Strähnenperücke. Das Handgelenk ziert ein Armreif.

Die gesicherte soziale Stellung der Familie Schepsi äußert sich in der Karriere des Sohnes: In der Statuengruppe noch als nacktes Knäblein mit Lutschfinger und Kinderfrisur, der Seitenlocke, dargestellt und »Schepsi-pu-djed der Kleine« genannt, übernimmt er später als »Schepsi-pu-djed« die berufliche Position seines Vaters und legt sich nahe beim Elterngrab ein eigenes kleines Mastabagrab an.

Das soziale Milieu des gehobenen Mittelstandes läßt sich indirekt aus einem Detail der Farbgebung der Statuengruppe erschließen: Schepsi gibt vor, sich eine Hartgesteinstatue aus rotem Granit leisten zu können, muß sich aber mit einer Kalksteinfigur begnügen, deren Sitz und Rückenplatte in der roten Bemalung Rosengranit nachzuahmen versuchen. Mehr war offenbar finanziell nicht zu schaffen.

Lit.: Porter-Moss, Topographical Bibliography, III^2, 457; L. Borchardt, Statuen und Statuetten (CG), I, 23-24, Blatt 6; F. W. v. Bissing, Ägyptische Kunstgeschichte, I, 1934, 87, Tf. LXIII, 385.

Sie kam zu mir in ihrer Jugend.
Man hole ihr das Beste von den Jahresgaben,
man bringe ihr Korn von Oberägypten und
Gerste von Unterägypten als Verpflegung.

Pap. Louvre 3283

3

Stele des Antef

Kairo, CG 20561
Kalkstein, bemalt
H. 62 cm, Br. 54 cm, T. 6,5 cm

Aus Abydos
Mittleres Reich, 12. Dynastie,
Zeit Sesostris' I., um 1950 v. Chr.

Der Güterverwalter Antef möchte nicht allein vor den Auferstehungsgott Osiris treten. Auf seiner überaus sorgfältig gemeißelten Kalksteinstele aus Abydos wird er von »seiner herzensgeliebten Gemahlin« Sat-Hathor begleitet. Sie legt ihm die Linke auf die Schulter, als ob sie ihm Mut machen wollte, und mildert mit ihrer schlanken Gestalt und dem wachen Blick den massigen Eindruck der plumpen Figur des Antef, der durch das weit zurückgesetzte Bein in seiner Bewegung innezuhalten scheint, zögernd und unentschlossen wirkt.

Die Konvention räumt ihm den ersten Platz ein, aber neben seiner munteren Frau bleibt er eher Statist.

Sat-Hathor trägt nach der Mode des frühen Mittleren Reiches ein weißes Kleid, das unter den Brüsten endet und von nur einem Träger gehalten wird. Das weiße Leinen war mit einem Perlennetz bestickt (Farbspuren!); den breiten Schulterschmuck ergänzen Arm- und Fußreifen.

In drei Bildregistern treten von rechts Opfernde auf das Paar zu, deren Opfergaben den Eindruck bestätigen, daß diese Stele in erster Linie Antefs Frau Sat-Hathor, nicht ihm gewidmet ist. Ein Salbölkrug und Lotosblüten, ein Spiegel, ein Kleiderkasten und eine blütengefüllte Vase sind die Gaben des obersten Bildstreifens, und auch im zweiten und dritten Register kehren die Blumen wieder, deren eine Sat-Hathor in ihrer Rechten hält, als ob sie das Opfer schon entgegengenommen hätte.

Die Stele bildete mit drei weiteren Stelen den Wandschmuck einer kleinen Kapelle, die Antef in Abydos im heiligen Bezirk des Osiris errichten ließ. Auf einer dieser Stelen ist Antef mit zwei Frauen abgebildet; hinter »seiner geliebten Gemahlin« Sat-Hathor sitzt »seine Gemahlin« Merit. Offenbar hat Antef Sat-Hathor überlebt und hat nach ihrem Tod noch einmal geheiratet.

In dieser Stele hat er ihr ein Denkmal gesetzt, das ihn zwar im Vordergrund und in der dunklen Hautfarbe des Mannes zeigt, der draußen im Leben steht, das ihr aber, die in der hellen Hautfarbe der Frau dem häuslichen Bereich zugeordnet ist, die dezent lenkende aktive Rolle der eigentlichen Hauptperson zuweist.

Lit.: Porter-Moss, Topographical Bibliography, V, 58; O. Lange - H. Schäfer, Grab- und Denksteine des Mittleren Reiches (CG), II, 194-196; IV, Taf. 45; W. K. Simpson, The terrace of the Great God at Abydos, New Haven and Philadelphia 1974, 17, ANOC 4.4; J.-P. Corteggiani, Das Ägypten der Pharaonen - Museum Kairo, Nr. 35.

20561.

Erfreue ihr Herz, solange du lebst.
Sie ist ein guter Acker für ihren Herrn.

Lehre des Ptah-hotep

4/5

Statuenpaar

Kairo, CG 132 (Mann) · 134 (Frau)
Kalzit, bemalt
CG 132: H. 50 cm, Br. 15 cm, T. 18 cm
CG 134: H. 53 cm, Br. 14 cm, T. 16 cm
Aus Sakkâra
Altes Reich, frühe 5. Dynastie,
um 2450 v. Chr.

Kleidung und Haartracht machen neben den Geschlechtsmerkmalen eine Unterscheidung von Männer- und Frauendarstellungen leicht. Die Strähnenperücke über natürlichem Kurzhaar und das knöchellange enge Gewand bei der Frau, die kugelige Löckchenperücke und der knielange, teils plissierte Schurz des Mannes sind typische Trachtformen des Alten Reiches.

Das Wesen der Geschlechter aber ist durch zunächst wenig auffällige Unterschiede zwischen Frauen- und Männerfigur charakterisiert: Die männliche Standfigur schreitet aus, setzt das linke Bein weit vor und wirkt dadurch dynamisch, aktiv, bisweilen fast aggressiv. Die kurze Schrittstellung der Frau wirkt demgegenüber verhalten, bedächtig, überlegt, aber keineswegs zaghaft. Die muskulösen Arme des Mannes sind leicht angewinkelt, und die Hände sind zu Fäusten geballt, Ausdruck des Zupackens, der physischen Stärke, der mühsam gebändigten Kraft. Eng an den Körper gelegt dagegen die schlanken Arme der Frau, mit gestreckten Händen und zarten Fingern. Breit die Schulter- und Hüftpartie des Mannes, mädchenhaft zart der Körper der Frau, dessen Weiblichkeit durch die plastische Betonung des Schamdreiecks und der Brüste dezent unterstrichen wird.

Von den bunten Schulterkragen und den schwarz bemalten Haaren, Augen und Brustwarzen sind Farbreste erhalten, desgleichen von den rot bemalten Fingernägeln. Die schwarze Farbe der Basisplatten und Rückenpfeiler charakterisiert diese Elemente der beiden Statuen als nicht zum inhaltlichen Bildprogramm gehörig, als nur strukturbedingte Bestandteile der beiden Figuren.

Lit.: Porter-Moss, Topographical Bibliography, II², 724; L. Borchardt, Statuen und Statuetten (CG), I, 99-101, Blatt 30.
CG 134: Katalog Zürich, 5000 Jahre ägyptische Kunst, 1960, 58, Nr. 113, Abb. 28; B. Perc, Spomeniki Starega Egipta, 1974, Nr. 8.

Du Schönster, mein Wunsch geht danach,
deine Sachen als deine Hausherrin zu besorgen,
daß dein Arm auf meinem Arme liegt,
und dir meine Liebe zu dir nützt.

Papyrus Harris 500

6

Gruppenstatue des Sen-nefer und der Senet-nai

Kairo, CG 42126 = JE 36574
Granit
H. 134 cm, Br. 76 cm, T. 65 cm
Aus Karnak, nördlich außerhalb des Säulensaals
Neues Reich, 18. Dynastie, um 1410 v. Chr.

Das Ideal der Familie genießt im alten Ägypten so hohe Bedeutung, daß sich selbst und gerade hochrangige Beamte häufig mit Frau und Kindern darstellen lassen und sicher auch in der Öffentlichkeit mit ihrer Familie aufgetreten sind. Es ist nicht von der Hand zu weisen, daß das Familienbild auch seinen politischen Aspekt hatte und in seiner Darstellung geordneter, harmonischer Familienverhältnisse politisch stabilisierend und vertrauensbildend wirken sollte.

Die Gruppenstatue des Sen-nefer, seiner Frau Senet-nai und ihrer Tochter Mutnofret war im weiten Tempelbezirk von Karnak außerhalb des Amuntempels in einer freistehenden Ziegelkapelle aufgestellt, war also weder Grabstatue noch Votivstatue für einen Tempel, sondern gewissermaßen selbst kultischer Mittelpunkt eines kleinen Heiligtums. Sen-nefer konnte sich dieses Selbstbewußtsein leisten: Er war Bürgermeister von Theben und damit ein enger Vertrauter des Königs. Der vierreihige Halskragen und das Doppelamulett sind vom König verliehene Orden, und die füllige Brust ist ein Zeichen von Wohlstand und hoher sozialer Stellung.

Die Verbindung zum Königshaus gründete sich aber vor allem auf die Funktion der Senet-nai als »Amme des Königs«, die am Hof Amenophis' II. den nachmaligen König Thutmosis IV. aufzog. Dieser Kontakt zum Königshaus machte die in der Gruppenstatue Dargestellten zu einer Art Heiligenfiguren, zu denen die Besucher des Amuntempels von Karnak beteten. Die Spuren dieser Gebete sind an den abgeriebenen Inschriften auf dem Schoß beider Figuren zu sehen, wo die häufige Berührung und das Ausgießen von Wasserspenden den Stein allmählich abnutzten.

Die menschliche Wärme, die von den Gesichtern der sonst so strengen Figuren ausgeht, wird durch die Hinzufügung der Tochter Mut-nofret zum Elternpaar und durch die Abbildung zweier Töchter auf den Sitzseiten ebenso unterstrichen wie durch das Umarmungsmotiv, das der monumentalen Statue fast eine Art Intimität verleiht.

Auch im Grab des Sen-nefer in Theben-West, dem berühmten »Weinlauben-Grab«, erscheint Senet-Nai stets in gleicher Größe neben ihrem Gemahl, insbesondere auf den Pfeilern der Sargkammer, dort also, wo in den Königsgräbern der Herrscher von einer Göttin empfangen wird. So fließt Sen-nefer aus der Umarmung seiner Frau göttliche Fürsorge zu.

Die in vielerlei Hinsicht außergewöhnliche Gruppenstatue des Sen-nefer und der Senet-nai ist das Werk individuell schaffender Künstler, die sich in einer flüchtig ausgeführten Inschrift auf der linken Sitzseite verewigt haben:
»Gemacht haben dies die Priester des Amun-Rê und Zeichner des Schatzhauses des Amun namens Imen-mes und Djed-Chons.«

Lit.: Porter-Moss, Topographical Bibliography, II[2], 283-284; G. Legrain, Statues et statuettes (CG), I, 76-78, Tf. LXXV;
C. Aldred, New Kingdom art, 1961, 62, Tf. 68;
E. Terrace - H. Fischer, Treasures of the Cairo Museum, 1970, 113-116, Nr. 24;
W. Helck, Zur Verwaltung des Mittleren und Neuen Reiches, 1958, 423-424.

Mutter und Kind

Die mächtigsten und gefährlichsten Tiere des altägyptischen Lebensraumes verbinden sich zu einem göttlichen Wesen, das das werdende Leben im Mutterleib schützt. Die Göttin Thoëris, deren schwangerer Nilpferdleib auf Löwentatzen steht und einen Krokodilschwanz trägt, ist die Schutzgöttin der Schwangeren. Noch einmal tritt dieses Mischwesen in der religiösen Ikonographie auf: Beim Totengericht hockt neben der Waage, auf der das Herz des Toten gegen die Göttin der Weltordnung, Maat, aufgewogen wird, die »Seelenfresserin«; sie verschlingt den Toten, wenn er bei der Prüfung seiner moralischen Qualifikation durchfällt und damit keinen Zutritt zum Gefilde der Seligen, zum Paradies erhält.

Beide zunächst so widersprüchlich erscheinenden Funktionsbereiche haben eines gemeinsam: Sie dienen dem Schutz des Lebens in seinen entscheidenden Frühphasen, beim Eintritt in das irdische Leben und beim Übergang zur Ewigkeit.

Wie der Schutz dieser beiden kritischen, existenzentscheidenden Bereiche weiblichen Gottheiten untersteht, so ist auch im wirklichen Leben die Zeit der Schwangerschaft, Geburt und frühesten Kindheit eine Domäne der Frau, aus der der Mann selbst in seiner Rolle als Vater weitgehend ausgeschlossen zu sein scheint. Die Frau sondert sich zur Geburt vom Haus ab und bezieht die Wochenlaube, ein Gartenhaus, in dem sie auch in den Wochen nach der Niederkunft bleibt.

Bereits der Pflege der Schwangeren wird große Sorgfalt gewidmet; medizinisch-hygienische Maßnahmen vermischen sich dabei mit religiös-magischen Praktiken, und in vielfacher Weise wird das Mysterium menschlicher Geburt gleichgesetzt mit der Geburt des Götterkindes par excellence, des Horus — oder wohl eher so zu sehen: die Beliebtheit des Götterkindes, der Erscheinungsform Gottes im menschlichen Kind, erklärt sich aus der alltäglichen, aber trotzdem letztlich unfaßbaren Erfahrung der Geburt neuen Lebens. Nirgendwo sonst manifestiert sich göttliche Präsenz im Menschenleben so eindringlich wie im Neugeborenen.

Das neue Leben zu schützen, stehen vielerlei religiös-magische Mechanismen zur Verfügung, die Salböl-Hörner mit dem Kopf der Göttin Hathor zur Pflege des Leibes der Mutter, die Stabamulette mit ihren Dämonendarstellungen, die Zaubersprüche für Mutter und Kind. Horus, das göttliche Kind, das den Nachstellungen des bösen Gottes Seth entgangen ist, leiht seine Unbesiegbarkeit den Menschenkindern in Amuletten, die ihn als Bezwinger wilder Tiere zeigen; diese sogenannten Horusstelen tragen Formeln gegen Schlangenbiß und Skorpionstich, sollen aber vor allem das glückliche Schicksal des Horus vorbild- und beispielhaft auf das menschliche Kind übertragen.

Daß die Kindersterblichkeit in der breiten Bevölkerung dennoch hoch war, ergibt sich aus den statistischen Befunden altägyptischer Gräberfelder, in denen Kinderbestattungen einen gemessen an modernen Verhältnissen überproportionalen Anteil einnehmen. Kinderlosigkeit führt den Zweck einer altägyptischen Ehe ad absurdum und gilt als Scheidungsgrund, wobei der Grund der Kinderlosigkeit keineswegs allein bei der Frau gesucht wird. Daß sich durchaus der Mann als unmittelbar Beteiligter versteht, wird beispielhaft vor Augen geführt durch den ausführlichen Bericht der Ta-Imhotep, der Frau eines Hohenpriesters von Memphis, die davon erzählt, daß sich ihr Mann, der Hohepriester, wegen des über Jahre unerfüllt gebliebenen Wunsches des Ehepaares nach einem Sohn an den populären Gott Imhotep wendet, der ihm im Traum einen Sohn verspricht und als Gegenleistung Opferstiftungen für seinen Tempel in der memphitischen Nekropole erhält.

So sehr Schwangerschaft, Geburt und Mutterschaft im Bereich der Frau angesiedelt sind, so sehr ist die Entstehung allen Lebens nur aus der Verbindung von Mann und Frau möglich und vorstellbar. Selbst die Götterwelt ist nach irdischem Vorbild in Familien organisiert, und Pharao, der ägyptische König, geht als übermenschliches, gottähnliches Wesen aus einer ganz irdisch verstandenen und dargestellten ehelichen Verbindung eines göttlichen Vaters mit einer irdischen Mutter hervor. Im Alten Reich ist es der Sonnengott Rê, der sich mit der Frau eines seiner Priester vereinigt, um die Könige der 5. Dynastie zu zeugen. Im Neuen Reich berichten mehrere Bild- und Textzyklen vom Entschluß des Götter-Königs Amun-Rê, die irdische Königin aufzusuchen, von der ehelichen Vereinigung zwischen göttlichem Vater und irdischer Mutter und von der Geburt des Königs, der aus dieser Verbindung geboren Göttliches und Menschliches in seinem Wesen und seinen Funktionen vereinigt. Die Analogien zur neutestamentlichen Geburtsgeschichte reichen bis in die erzählerischen Details, und so erfährt die wohlbekannte Entlehnung des Bildmotivs der stillenden Muttergottes, der madonna lactans, aus der altägyptischen Ikonographie eine überzeugende Stütze im Bereich der literarischen Überlieferung.

Die Hochachtung der Mutterschaft im alten Ägypten wird wohl am deutlichsten in der Theologie des Reichstempels von Karnak: Amun-Rê, der »König der Götter«, erhält zwar eine göttliche Gemahlin Amaunet, die eine Femininbildung seines Namens darstellt, aber sie bleibt im Bewußtsein des Volkes völlig unbedeutend und tritt zurück hinter der durch einen großen Tempelkomplex ausgezeichneten Gemahlin Amun-Rês namens Mut. Mut aber ist in der altägyptischen Sprache das Wort für Mutter. Dem höchsten ägyptischen Gott ist die Personifikation der Mutterschaft an die Seite gestellt, fast stets menschengestaltig dargestellt, die Erhöhung der irdischen Mutter zum höchsten göttlichen Wesen.

Lit.: E. Brunner-Traut, in: Archäologie und Altes Testament, Festschrift Galling, 1970, 35ff.; dies., in: Mitteilungen des Instituts für Orientforschung 3, 1955, 11-30; dies., in: Welt des Orients 5, 1970, 145-164; dies., in: Welt des Orients 6, 1971, 4-6; dies., in: Die Alten Ägypter, 1974, 50-67; E. Staehelin, in: Zeitschrift für ägyptische Sprache und Altertumskunde 96, 1970, 125ff.; F. Weindler, Geburts- und Wochenbettdarstellungen auf altägyptischen Tempelreliefs, München 1915; H. Altenmüller, Die Apotropaia und die Götter Mittelägyptens, München 1965; A. Erman, Zaubersprüche für Mutter und Kind, Berlin 1901; C. E. Sander-Hansen, Die Texte der Metternichstele, Kopenhagen 1956; H. Grapow u. a., Grundriß der Medizin der Alten Ägypter, Berlin 1954-1958; H. Brunner, Die Geburt des Gottkönigs, Hamburg 1964; F. Daumas, Les mammisis des temples égyptiens, Paris 1958; E. Brunner-Traut, Pharao und Jesus als Söhne Gottes, in: Antaios 2, 1960-1961, 266-284.

Hathor-Isis, die die Schwangere rettet
und ihre ganze Gestalt löst,
die entbindet und löst zu ihrer Zeit.

7

Salbölflasche

Kairo, JE 34403
Ton, bemalt
H. 21 cm, Br. 12 cm, T. 7 cm

Aus Abydos
Neues Reich, 18. Dynastie, um 1400 v. Chr.

Schwangerschaft und Geburt bildeten im Leben der Frau besonders kritische Phasen. Besondere Fürsorge und besonderer Schutz wurden der werdenden Mutter zuteil. Magische Praktiken und hygienisch-medizinische Vorsorge fügten sich zu einem dichten Gewebe, das auch den gefährlichsten Dämonen undurchdringlich sein sollte.

Zum Salben des Körpers der Schwangeren wurde aus Zypern importiertes Moringa-Öl verwendet, das gerne in eigenartig geformten figürlichen Gefäßen aufbewahrt wurde, in den »Gravidenflaschen«. In ihrer bizarren steatopygen Gestalt fließen verschiedene Vorstellungen ineinander: das Fruchtbarkeitsidol der »Magna mater«, die dickleibige Gestalt der Schwangeren, die zwergenhafte Figur der nubischen Amme, schließlich die kurzbeinige Statur der Geburtsgöttin Thoëris, des kindlichen Patäken und des Schlafzimmergottes Bes.

Ein Trachtdetail unterstreicht die Schutzfunktion dieses figuralen Gefäßes: An einem weiß aufgemalten Gürtel ist eine Art Tampon befestigt, der die Frau vor dem Verlust der Leibesfrucht schützen und bösen Geistern das Eindringen in den Mutterleib verwehren soll.

Mit dem Salböl, das mit flachen Händen auf dem Leib verteilt wurde, gelangte somit göttlicher Schutz direkt zur Mutter. Das Gefäß übertrug seinen Symbolgehalt auf den Gefäßinhalt.

Lit.: D. Randall-MacIver - A. C. Mace, El Amrah and Abydos, 1902, 72-75, Tf. L; E. Brunner-Traut, in: Die Welt des Orients VI, 1970-1971, 5-6; A. Eggebrecht, in: Cl. Vandersleyen (Hrsg.), Ägypten (Propyläen Kunstgeschichte), 1976, 358, Tf. 351 b. Allgemein: E. Brunner-Traut, in: Festschrift K. Galling, 1970, 35-48.

Jeder Gott wird deinen Namen schützen.
Er schütze dich durch sie, er erhalte dich heil . . .,
er mache dir jeden Gott und jede Göttin geneigt.

Papyrus Berlin 3027

8

Stabamulett

Kairo, CG 9434 = JE 30032
Elfenbein, Holz
L. 38 cm, Br. 16 cm

Herkunft unbekannt
Mittleres Reich, 13. Dynastie,
um 1750 v. Chr.

Das Neugeborene wurde dem Schutz zahlreicher Dämonen unterstellt. Sie zieren häufig sichelförmig gebogene, flache Elfenbeinstäbe, die dem Kind und seiner Mutter als Geburtsgeschenke überreicht werden und bisweilen in den Händen von Ammen abgebildet sind.

Am Ende des »Zauberstabs« sitzt ein hölzerner Fuchskopf; das Fell des Fuchses dient in der Hieroglyphenschrift zur Schreibung der Wortgruppe »Geburt, Gebären, Kind«. Die Beziehung des Fuchses zur Erotik, zur Liebe und Ehe ist auch anderweitig belegt.

Unter den auf der Oberseite des Stabes eingeritzten Göttern steht der Frosch für die Geburtsgöttin Heket und das aufgerichtete Nilpferd mit Löwentatzen und Krokodilschweif für Thoëris, der Dämon Aha, »der Kämpfer«, mit seinen Fäusten Schlangen erwürgend, ist der Vorläufer des Schlafzimmergottes Bes. Die Schlangenhalspanther schließlich als Begleiter des Sonnengottes gewähren dem Neugeborenen einen Schutz, der sonst nur Göttern zuteil wird.

Lit.: G. Daressy, Textes et dessins magiques (CG), 44-45, Tf. XI; H. Altenmüller, Die Apotropaia und die Götter Mittelägyptens, 1965, 37-38. 121. E. Brunner-Traut, Die Alten Ägypter, 1976, 54-56; D. Wildung, Sesostris und Amenemhet, 1984, 90. 94-95.

Verdopple das Brot, das dir deine Mutter gab,
und trage sie, wie sie dich trug. (. . .)
Ihre Brust war in deinem Mund drei Jahre lang.

Lehre des Ani

9

Stele

Kairo, CG 34125
Kalkstein, Reste der Bemalung
H. 39 cm, Br. 26 cm, T. 6 cm

Herkunft unbekannt
Neues Reich, 18. Dynastie, um 1450 v. Chr.

Die altägyptische Kunst vermeidet die Darstellung von Übergangsphasen des menschlichen Lebens wie Geburt und Tod. Bilder der Mumifizierung und der Grablegung zeigen stets bereits den in seiner Mumiengestalt zu einer jenseitigen Existenz verklärten Toten, und Szenen der Geburt und der Kinderpflege spielen fast ausschließlich im Bereich der Götter oder sind auf die nichtoffizielle Kunst der Künstlerskizzen auf Ostraka beschränkt.
Wenn auf der vorliegenden Stele eine Mutter, die ihrem Kind die Brust reicht, als maßstäblich hervorgehobene Hauptfigur erscheint, so erhebt sich unmittelbar die Frage nach Anlaß und Funktion dieser Stele. Sie diente wohl als Grabstein, der vom rechts sitzend abgebildeten Ehemann ins Grab seiner im Kindbett verstorbenen Frau gestiftet wurde. Zwei Töchter bringen ihrer verstorbenen Mutter Lotosblüten und Weihwasser als Totenopfer dar.
So wird diese Stele zu einem der wenigen archäologischen Indizien für die im alten Ägypten zweifellos sehr hohe Kindersterblichkeit. Wenn häufig für ein und denselben Mann mehrere Frauen belegt sind, so ist auch dies wohl meistens auf den frühen Tod der ersten Frau bei der Geburt oder im Wochenbett zurückzuführen.
Die Wertschätzung der zu früh verstorbenen Frau und Mutter spricht aus dem großen Abbildungsmaßstab ihrer Figur, der gegenüber Mann und Töchter völlig in den Hintergrund treten.

Lit.: P. Lacau, Stèles du Nouvel Empire (CG), 176, Tf. LIV; E. Brunner-Traut, in: Mitteilungen des Instituts für Orientforschung 3, 1955, 27, Anm. 78.

34125

Thoëris, die alle Götter gebiert.

Tempelinschrift Abu Simbel

10

Statue der Göttin Thoëris

Kairo, CG 39145
Schiefer
H. 96 cm, Br. 26 cm, T. 38 cm
Aus Karnak-Nord, Kapelle des Osiris-Pa-ded-anch
Spätzeit, 26. Dynastie, um 650 v. Chr.

Die drei gefährlichsten Tiere des Lebensraumes der alten Ägypter haben der Göttin Thoëris Teile ihrer Gestalt geliehen: Der Schweif des Krokodils, die Tatzen des Löwen, der Leib und der Kopf des Nilpferds sind zu einem furchterregenden Fabelwesen zusammengefügt, dem durch Arme, Brüste und Perücke noch menschliche Aspekte verliehen worden sind.

Der schwangere Leib beschreibt den Wirkungsbereich dieses Ungeheuers: Es soll in seiner Schreckensgestalt alles Übel von der Schwangeren abhalten. Zähnefletschend und mit heraushängender Zunge schafft es um sich einen Freiraum, in dem wohlbehütet neues Leben entstehen kann. Die Hieroglyphenzeichen, auf die sich das schwangere Nilpferd stützt, sind die Schriftzeichen für »Schutz« und unterstreichen die Funktion der Statue. Der kreisrunde Kopfaufsatz diente zur Befestigung einer nicht erhaltenen Krone, wahrscheinlich eines Gehörns mit Sonnenscheibe.

Die außergewöhnlich qualitätvolle Statue wurde in einem Kalksteinschrein (Kairo CG 70027) gefunden, der nördlich außerhalb des Amuntempels von Karnak stand. Die Inschriften benennen als Stifter eine der bedeutendsten Persönlichkeiten Thebens in der frühen Saitenzeit: den Obergüterverwalter der Tochter des Pharao Psametich I., der Nitokris, die als »Gottesgemahlin« des Amun der jungen Dynastie der unterägyptischen Könige von Sais auch im oberägyptischen Theben zu Macht und Ansehen verhalf.

Als in ptolemäischer Zeit, ein halbes Jahrtausend später also, südlich des Amuntempels der Thoëris ein eigener Tempel errichtet wird, wird damit lediglich die Bedeutung der Geburtsgöttin unterstrichen und wiederbelebt, die nach Ausweis der Nilpferdstatue bereits in der Saitenzeit in Karnak eine hervorragende Rolle spielte.

Lit.: Porter-Moss, Topographical Bibliography, II[2], 285-286; G. Daressy, Statues de divinités (CG), 284, Tf. LV; M. Verner, in: Zeitschrift für ägyptische Sprache und Altertumskunde 96, 1970, 52-63; J. Leclant (Hrsg.), Ägypten, III, 1981, Abb. 134; J.-P. Corteggiani, Das Ägypten der Pharaonen - Museum Kairo, Nr. 104; E. Graefe, Untersuchungen zur Verwaltung und Geschichte der Gottesgemahlin des Amun, 1981, 64. Zum Naos: G. Roeder, Naos (CG), 106-109, Tf. 37.

O lebe, Kind, und stirb, Gift!
Möchte Horus für seine Mutter Isis gesund werden,
möchte jeder Kranke ebenso gesund werden.

Metternichstele

11

Horus-Stele

Kairo, CG 9401
Schiefer
H. 44 cm, Br. 26 cm, T. 12 cm

Aus Alexandria
Frühptolemäisch, um 300 v. Chr.

Das göttliche Kind, unter Gefahren gezeugt und geboren, wird zum Garanten glücklicher Geburt und unbeschadeter Kindheit. Horus, vom ermordeten Osiris posthum gezeugt, wird von seiner Mutter Isis im Verborgenen geboren und großgezogen, um sich am Mörder seines Vaters, Seth, dem Inbegriff des Bösen, zu rächen.

Diese seine mythologische Rolle kommt den Menschen zugute, indem »Horus, das Kind«, Harpokrates, zum Überwinder des Bösen schlechthin wird. Auf den Horus-Stelen erscheint er in der Nacktheit des Kindes und mit der kindlichen Seitenlocke als Bezwinger gefährlicher Tiere. Mit seinen Händen packt er Schlangen, Löwe, Skorpion und Antilope, mit seinen Füßen steht er auf zwei Krokodilen.

Der spezifische Funktionsbereich des Harpokrates ist in dem Kopf des Schlafzimmergottes Bes angesprochen, der im oberen Stelenrund im Flachrelief abgebildet ist: Die Horus-Stelen dienten vor allem dem Schutz von Mutter und Kind und zur Abwehr von Schlangenbiß und Skorpionstich.

Die Wirksamkeit der Horus-Stelen konnte dadurch erhöht werden, daß man sie mit Wasser übergoß, das durch die Berührung mit Texten und Bildern der Stelen zu wunderwirkendem Heilwasser für innere und äußere Anwendung wurde.

Der hieroglyphische Text der Stelenrückseite enthält einen Hymnus an Horus, in dem dessen übelabwehrende Qualitäten gepriesen werden: »Du wehrst für mich alle Löwen in der Wüste ab, alle Krokodile im Fluß, alle Schlangen und Skorpione, alle Insekten, die mit ihrem Maul beißen und mit ihrem Schwanz stechen, alles Gewürm, das in seinen Höhlen sticht.« In stark abgekürzter Fassung erscheinen diese Texte auch auf Miniaturstelen, die als Hausaltäre verwendet oder als Amulette getragen wurden.

Lit.: Porter-Moss, Topographical Bibliography, IV, 6; G. Daressy, Textes et dessins magiques (CG), 1-3, Tf. I. Vgl. C. E. Sander-Hansen, Die Texte der Metternich-Stele, 1956, 51 ff.; L. Kakosy, in: Lexikon der Ägyptologie, III, 60-62.

Meine Hände auf diesem Kind
sind die Hände der Isis auf ihm,
wie sie ihre Hände legte
auf ihren Sohn Horus.

Papyrus Berlin 3027

12

Isis mit dem Horuskind

Kairo, CG 39324 = JE 30555
Bronze, Augeneinlagen Silber
H. 23 cm, Br. 5 cm
Aus Tanis
Ptolemäerzeit, 3. Jhdt. v. Chr.

Als Inbegriff der Mutterliebe war Isis die beliebteste Gestalt des altägyptischen Pantheons, die menschlichste Erscheinung des Göttlichen, die einen Hauch himmlischen Glücks in jedes Menschenleben tragen konnte (vgl. Kat. 1).
Bereits seit dem Mittleren Reich, dem Beginn des 2. Jahrtausends v. Chr., ist das Motiv der stillenden Gottesmutter in der ägyptischen Kunst belegt, meist in Bronzefiguren, die als Votivgaben in Isisheiligtümer gestiftet wurden, als Bitte um glückliche Geburt oder als Dank für gut überstandene Schwangerschaft und Niederkunft.
Die Bronzefigur aus Tanis zeigt einerseits die Hoheit der »großen Isis, der Gottesmutter« in dem mächtigen Kronenaufbau aus dem Kuhgehörn der Göttin Hathor und der Sonnenscheibe auf einem Uräenkranz, in dem Geierbalg der Göttin Nechbet, der über der feingelockten Perücke liegt, und in dem strengen, in die Ferne gerichteten Blick der eingelegten Augen; zum anderen aber ist in der Haltung des Horuskindes eine fast spontane Geste festgehalten: Das Kind umfaßt mit seinem rechten Ärmchen die Mutter und sucht mit seiner Linken Halt an deren Hand, während es seinen Kopf aus der Körperachse der Mutterbrust zuwendet.
Die nackte Horusfigur ist gesondert gegossen, aber ganz auf die Figurengruppe hin konzipiert. Um den Fußsockel, der in eine Bronzebasis mit Hocker eingelassen war, läuft eine Widmungsinschrift für Isis, die den Stifter der Votivfigur als Padi-Imen benennt.

Lit.: G. Daressy, Statues de divinités (CG), 332, Tf. LXII. Zum Fortleben des Motivs vgl. V. Tran Tam Tinh, Isis Lactans, Leiden 1973.

Du Männlichster der Götter,
wenn du erschienen bist als Min,
der Herr des Phallus.

Tempelinschrift Ramses III. Karnak

13

Min-Amun

Kairo, CG 38479 = JE 31527
Bronze, Goldeinlagen
H. 22 cm, Br. 10 cm, T. 6 cm

Aus Medinet Habu
Neues Reich bis Spätzeit

Lit.: G. Daressy, Statues de divinités (CG), 128, Tf. XXVII.

Entsprechend der weitgehenden Beschränkung des Mutter-Kind-Motivs in der ägyptischen Kunst auf Götterdarstellungen ist auch die Abbildung der männlichen Fruchtbarkeit, der Zeugungskraft, fast nur bei Götterbildern belegt.
Amun-Rê von Karnak, der Götterkönig, erkennbar an seiner Doppelfederkrone mit Sonnenscheibe, tritt seit dem Mittleren Reich mit erigiertem Glied, in ithyphallischer Figur auf, einer Gestalt, die er vom Fruchtbarkeitsgott Min von Koptos entlehnt hat, der schon um 3000 v. Chr. in monumentalen Kalksteinfiguren ithyphallisch dargestellt wurde.
Die zum Glied geführte linke Hand deutet eine der Versionen altägyptischer Schöpfungsmythen an, in der Amun als Urgott die Welt erschafft, indem er seinen eigenen Samen verschluckt und so in sich erstes Leben erzeugt.
Wenn die ithyphallische Figur für altägyptische Verhältnisse erstaunlich deutlich und direkt erscheinen mag, so liegt das an der systematischen Unterdrückung dieser häufigen Darstellungen in der ägyptologischen Literatur. Ithyphallische Figuren wurden als Votive in Tempel gestiftet, um Kindersegen zu erbitten, wurden zu Dutzenden — so in Luksor — als Graffiti auf Tempelwände gemeißelt und finden sich in großer Zahl in Min-Heiligtümern, so z. B. im Wadi Hammâmât.
Das Lattichbeet, das häufig hinter Min und Amun-Rê in Reliefs abgebildet ist, dient dem Gott nicht, wie oft behauptet, als Potenznachschub, sondern spielt auf den männlichen Samen an, der dem Saft des Lattichstengels gleichgesetzt wird. Die Bedeutung des in hoch erhobener Hand gehaltenen Wedels ist nicht geklärt.

Chons sagt, daß sie leben soll.

Häufiger Frauenname

14

Chons

Kairo, CG 38182
Bronze
H. 12 cm, Br. 3 cm, T. 7 cm
Vermutlich aus Karnak
Spätzeit, 650-400 v. Chr.

Lit.: G. Daressy, Statues de divinités (CG), 54, Tf. X.

Neben Isis, der Gottesmutter, und Amun-Rê, dem Inbegriff männlicher Fruchtbarkeit, tritt das göttliche Kind als selbständige Gottheit auf. Die Namen des Götterkindes sind vielfältig, immer aber sind es göttliche Söhne, nie Töchter. »Hor-pa-chered«, Horus-das-Kind, Harpokrates als Sohn von Isis und Osiris; Ihi als Sohn von Hathor und Horus; Nefertem, der Sohn des memphitischen Götterpaares Ptah und Sachmet — jeder Kultort kann seine eigene heilige Familie haben, und oft ist es gerade das Kind, das den höchsten Beliebtheitsgrad im Glauben des Volkes genießt. In ihm ist das Göttliche Mensch geworden, und allein schon im Mysterium der Geburt und des Aufwachsens des Kindes manifestiert sich täglich und überall tausendfach göttliches Wirken.

Das äußere Erscheinungsbild des göttlichen Kindes läßt nicht immer eine exakte Benennung zu. Mag die Bronzefigur des nackten Knaben, mit seinen kurzen Armen und Beinen, dem rundlichen Körper und dem zu großen Kopf ganz kindlich gestaltet, zunächst der Kinderlocke, des Lutschfingers und der Doppelkrone wegen wie Harpokrates aussehen, so wird sie doch durch die Sockelinschrift als »Chons, das Kind« bezeichnet, als Sohn des Götterpaares von Karnak, Amun-Rê und Mut.

Nirgendwo sonst in der Tempelstadt von Karnak finden sich so viele Votivinschriften und Pilgergraffiti wie am Chonstempel, und eine Statue des Chons galt als so wunderträchtig, daß sie sogar zu Heilverfahren ins Ausland ausgeliehen wurde, von wo sie einmal mit Gewalt nach Ägypten zurückgeholt werden mußte, da sie ihrer guten Dienste wegen nicht mehr zurückgegeben worden war.

Preis dir . . . Imhotep . . .,
der die Menschen belebt
und beschützt die Schwangere,
der schwängert die Unfruchtbare,
der einen Sohn gibt dem,
der darum bittet,
der das Kind wohlbehalten
sein läßt. Tempelinschrift Dendera

15

Imhotep

Kairo, CG 38047 = JE 22206
Bronze, Silbereinlagen
H. 18 cm, Br. 8 cm, T. 13 cm

Aus Sakkâra, Serapeum
Spätzeit, 6.-4. Jhdt. v. Chr.

Wenn der erhoffte und erwünschte Kindersegen ausblieb, konnten sich die Ehepartner an göttliche Nothelfer wenden, unter denen sich einer ganz besonderer Beliebtheit erfreute: Imhotep. Seit der Spätzeit als Gott verehrt, war er doch ursprünglich eine historische Persönlichkeit. Um 2650 v. Chr. hatte er für König Djoser die Stufenpyramide gebaut und damit nicht nur den ersten Monumentalbau aus Stein geschaffen, sondern ein Denkmal des menschlichen Geistes.
Im Neuen Reich galt er bereits als Sohn des Gottes Ptah, und in der Spätzeit war er, ehemals ein Mensch aus Fleisch und Blut, ein besonders beliebter Nothelfer in den kleinen und großen Problemen des Lebens. Er wurde als Heilgott angerufen und dem griechischen Asklepios gleichgesetzt und erhielt Verehrungsstätten im ganzen Land.
Als wirkungsvoller Nothelfer wurde er zwangsläufig mit einem der häufigsten Probleme konfrontiert, das an die Götter herangetragen wurde: der Bitte um Kindersegen. Selbst Hohepriester und Könige wandten sich an ihn, wenn die Ehe kinderlos oder zumindest ohne Sohn blieb. Ptolemäus V. errichtete ihm als Dank für die Geburt eines Thronfolgers auf der Insel Philae einen eigenen Tempel, und noch zur Zeit des Kaisers Augustus wendet sich der Hohepriester von Memphis mit der Bitte um einen Sohn an Imhotep.
Die Sitzfigur aus Bronze zeigt Imhotep ohne göttliche Attribute als Lesenden, als Intellektuellen, der die Papyrusrolle vor sich auf dem Schoß hält; auch sein Stuhl ist nicht der Götterthron, sondern die Nachbildung eines Holzstuhles, wie er in reichen Häusern benutzt wurde.
Trotz seiner Wunderkräfte ist Imhotep Mensch geblieben. Darauf gründet sich seine Beliebtheit als Nothelfer im ganzen Land und über ein ganzes Jahrtausend, ja über Altägypten hinaus. In der spätantiken hermetischen Literatur und noch im ägyptischen Volksglauben des 19. Jahrhunderts ist er als Zauberer und Wunderheiler bekannt.

Lit.: G. Daressy, Statues de divinités (CG), 18; zu Imhotep: D. Wildung, Imhotep und Amenhotep, München - Berlin 1977.

Ich bin Isis,
die von ihrem Gatten empfangen hat
und den göttlichen Horus trägt.

Metternichstele

16

Isis-Stele

Kairo, JE 47108
Kalkstein, bemalt
H. 75 cm, Br. 56 cm, T. 17 cm
Aus Batn Harit (Theadelphia), Fayûm
1.-2. Jhdt. n. Chr.

Die Beliebtheit der Gottesmutter Isis überflügelte in der ägyptischen Religion der Ptolemäer- und Römerzeit nicht nur alle anderen Kulte, sondern trug das Bild der Isis sogar hinüber ins frühe Christentum, das in Ägypten unmittelbar auf die pharaonische Religion folgte. Eine der beliebtesten Erscheinungsformen der Isis, das Sitzbild mit dem Horusknaben, ist das direkte Vorbild der Madonna lactans, der stillenden Muttergottes mit dem Christuskind in der frühchristlichen Ikonographie.

Eine Unterscheidung zwischen Reliefbildern und Statuen der Isis mit dem Horusknaben aus der römischen Kaiserzeit und christlichen Muttergottesdarstellungen ist oft nur aufgrund kleiner ikonographischer Einzelheiten möglich.

Die Stele der Isis aus der griechisch-römischen Stadt Theadelphia im Fayûm steht stilistisch ganz in der Tradition der provinzialrömischen Kunst Ägyptens, aus der sich die koptische Kunst herleitet, und sie könnte somit durchaus eines der frühen Marienbilder sein, eine »Theotokos«, eine Gottesgebärerin. Ihr Kopfputz, das Kuhgehörn mit der Sonnenscheibe, Ähren und Lotosblüten in ihrer Hand, der Lutschfinger bei Harpokrates und schließlich dessen Krone, eine Miniaturversion der Doppelkrone des ägyptischen Königs, verraten jedoch den nicht-christlichen Zusammenhang des Bildes.

Vielleicht aber ist überhaupt die strenge Unterscheidung heidnisch : christlich eine zu moderne Sichtweise, die einen Gegensatz postuliert, wo fließende Übergänge herrschten, die namentlich benennen will, wo nicht konkrete Göttergestalten angebetet wurden, sondern das Mysterium der Mutterschaft, der Menschwerdung im Mutterleib als eines der intensivsten Erlebnisse göttlichen Wirkens in einer über Religionen, Zeiten und Räume hinaus gültigen Muttergestalt Verehrung fand.

Lit.: G. Grimm, Kunst der Ptolemäer- und Römerzeit im Ägyptischen Museum Kairo, 1975, 10.22, Nr. 33; Tf. 67.

47108

O dieser Zwerg im Himmel!
Der Zwerg, gewaltig an Gesicht,
bucklig an Rücken, verkrümmt an Beinen,
der große Pfeiler, der anfängt im Himmel
und herabreicht bis zur Unterwelt.

Papyrus Harris 500

17

Statue des Gottes Bes

Kairo, CG 38705 = JE 28459
Sandstein
H. 96 cm, Br. 46 cm

Aus Dendera
Ptolemäisch-römisch,
100 v. Chr.-100 n. Chr.

Neben der Vergeistigung des Mutterbegriffs im Bild der Gottesmutter, die in der Muttergottes fortlebte, waren Zauber und Magie aus der Umgebung von Mutter und Kind nicht wegzudenken.
Ein Dämon, der unter dem Namen Aha »der Kämpfer« bereits um 2000 v. Chr. auf den Stabamuletten des Mittleren Reiches (Kat. Nr. 8) erscheint, wird seit der 18. Dynastie, um 1380 v. Chr., einer der beliebtesten Schutzgeister des ägyptischen Hauses. Nunmehr Bes genannt, schützt er vor allem das Reich der Frau, wacht als guter Geist über Liebe und Ehe, Empfängnis und Schwangerschaft, Geburt und Kindbett.
Bes ist nie unter die großen Götter des altägyptischen Pantheons aufgenommen worden, aber seine Statuen und Bilder haben Eingang in die Heiligtümer der Muttergottheiten Isis und Hathor gefunden.
Aus dem Bereich des Hathortempels in Dendera stammt die Sandsteinstatue, die Bes in der bizarren Gestalt seines typischen Aussehens zeigt: ein fast völlig nackter Zwerg mit krummen Stummelbeinen, dickem Leib und riesigem Kopf; das Fratzengesicht mit gefletschten Zähnen, heraushängender Zunge, plattgedrückter Nase und faltenumzogenen Augen von einem ornamental stilisierten Vollbart gerahmt. Löwenohren und eine hohe Straußenfederkrone tragen zum skurrilen Gesamtbild bei und weisen zudem auf eine mögliche Herkunft des Zwerggottes aus dem ostafrikanischen Raum hin. Der kurze linke Arm ist auf den linken Oberschenkel gestützt, der rechte war erhoben und hielt über dem Kopf ein Schwert. Ein Löwenamulett hängt um den Hals.
Sein abstoßendes Äußeres sollte die bösen Mächte abschrecken. In all seiner Häßlichkeit war er bei jedermann beliebt und im königlichen Harim ebenso gern gesehen wie im einfachen Volk, wo Bes-Amulette zu Tausenden und Zehntausenden getragen wurden.

Lit.: G. Daressy, Statues de divinités (CG), 181; Tf. XXXIX.

38705

Die rechtliche Stellung der Frau

Explizite Texte zu den Rechten der altägyptischen Frau gegenüber dem Mann existieren nicht, da in Ägypten die Gleichbehandlung und Gleichstellung der beiden Geschlechter eine Grundtatsache, eine Selbstverständlichkeit war. Aus dem Blickwinkel anderer Gesellschaften, in denen die Möglichkeiten und Kompetenzen der Frau gegenüber denen des Mannes beschnitten waren, mußte freilich die Gleichrangigkeit von Mann und Frau in Ägypten so ungewöhnlich erscheinen, daß die Stellung der Frau nach außen geradezu dominant wirkte. Die Nachrichten über matriarchalische Grundzüge der altägyptischen Gesellschaft sind daher auch nicht aus dem ägyptischen Quellenmaterial abgeleitet, sondern aus den Berichten von Nicht-Ägyptern, von Griechen und Römern.

Bereits bei der Eheschließung zeigt sich die Offenheit der Entscheidungen, die beide Ehepartner betreffen: Es gibt eine Reihe von Fällen, in denen der Mann zur Frau zieht, wenn sie in ihrer sozialen Stellung und in ihrer Vermögenslage vor ihrem Mann rangiert. Vermögensrechtliche und erbrechtliche Angelegenheiten sind der Hauptgegenstand, ja eigentlich der einzige Inhalt der Eheurkunden; sie — wie es häufig geschieht — als Eheverträge zu bezeichnen, ist daher irreführend. Die Ehe ist die Voraussetzung zum Abschluß der Eheurkunden; über die Eheschließung selbst und ihre Formalitäten schweigen die Quellen indes so vollständig, daß der Schluß kaum von der Hand zu weisen ist, die Heirat sei kein Rechtsakt gewesen.

Die Braut erhält eine »Jungfrauengabe« von ihrem Bräutigam, der sich offenbar ins Haus des künftigen Schwiegervaters begibt, um um die Hand der Braut anzuhalten. Die Ehefrau bringt ihrerseits in die Ehe die »Frauensachen« ein, die vor allem aus Hausrat bestehen, eine Art Aussteuer also, und bisweilen auch eine Mitgift, die als Alimentation bezeichnet wird, also von der Vorstellung ausgeht, daß die Frau dem Mann einen Vorschuß auf die Kosten ihrer Versorgung und Verpflegung während der Ehe bezahlt und damit letztlich ihre Unabhängigkeit betont und behauptet. In den Alimentationsurkunden verpflichtet sich der Mann außerdem, sein ganzes Eigentum für den Unterhalt der Frau aufzuwenden.

Diese güterrechtlichen Regelungen werden im Fall einer Scheidung besonders wichtig. Anlaß und Grund der Scheidung bleiben bei diesen Regelungen außer Betracht, ein Schuldprinzip ist unbekannt, obwohl die Liste der Scheidungsgründe von Unfruchtbarkeit über Ehemüdigkeit bis zum Ehebruch reicht, der seinerseits strafrechtlichen Regelungen unterliegen kann.

Wenn der Mann die Ehe löst, erhält die Frau die Jungfrauengabe, die Mitgift, die »Frauensachen« und ein Drittel des sonstigen Familienbesitzes und hat außerdem Anspruch auf Unterhalt. Unter diesen Voraussetzungen erscheint die Monogamie als die Regelform der altägyptischen Ehe ihre ganz prosaischen Gründe gehabt zu haben; nach einer Scheidung war der Mann wirtschaftlich-finanziell stark angeschlagen, während sich die geschiedene Frau recht gut stellen konnte.

Diese erstaunlich starke Stellung der Frau im vermögens- und güter-

rechtlichen Bereich der Ehe ist symptomatisch für die Rechtsposition der Frau in der altägyptischen Gesellschaft. Sie ist unabhängig und voll geschäftsfähig bei Eigentumsübertragungen; sie kann vor Gericht Klage erheben, sie kann Güter an ihre Kinder vererben, ohne daß dem Mann ein Einspruchsrecht zusteht. All diese Regelungen sind jedoch nicht programmatisch in Rechtsbüchern zusammengestellt, sind nicht Idealforderungen, sondern Lebensrealität, die sich in Urkunden und Gerichtsprotokollen niederschlägt, die uns aus der Rechtspraxis bekannt ist, nicht aus Gesetzessammlungen. Was uns heute an der rechtlichen Stellung der Frau im alten Ägypten so modern, ja fast zukunftweisend erscheint, war den alten Ägyptern ein selbstverständliches, nie theoretisch hinterfragtes Grundverhalten der Geschlechter zueinander. Das Wissen um die Gleichwertigkeit der Geschlechter war nicht reduziert auf eine formelle Gleichberechtigung; in ehe- und familienrechtlicher Hinsicht, im Vermögens- und Eigentumsrecht war diese Gleichberechtigung in einer selbst für moderne Verhältnisse erstaunlichen Weise verwirklicht. Was sie vom Ringen um die Gleichberechtigung der Frau im 20. Jahrhundert (n. Chr.) unterscheidet, ist zweierlei: Im alten Ägypten mußte nicht darum gerungen werden, sondern sie war ein Grundbestandteil menschlichen Bewußtseins, und zum anderen machte sie nicht halt bei der Erfüllung der rechtlichen Gleichstellung, sondern umfaßte sämtliche Lebensbereiche.

Gerade im religiösen Denken des alten Ägypters prägt sich die Stellung der Frau besonders anschaulich aus: Die Gottheit, die für die Weltordnung zuständig ist, ist eine weibliche Göttergestalt, Maat, die den Toten zum Totengericht vor den Totenrichter Osiris führt, dessen Entscheidungskriterium bei der Urteilsfindung über jeden Menschen wiederum Maat liefert; sie sitzt auf der Waagschale, wenn das Herz, also das Wesen und Gewissen des Menschen, auf die Waage gelegt wird, die über Verdammnis oder ewiges Leben entscheidet. Die Frau nicht als Objekt rechtlichen Denkens und Handelns, sondern als Subjekt.

Ein weiterer Unterschied zwischen der Gleichwertigkeit der Geschlechter im alten Ägypten und dem Bemühen um Gleichberechtigung der Frau in modernen Gesellschaften fällt auf: Die generelle Gleichrangigkeit von Mann und Frau verleugnet nicht die geschlechtsspezifischen Unterschiede.

Die Frau ist — abgesehen von Schwerstarbeit — nicht von bestimmten Berufen ausgeschlossen; in den Verwaltungsinstanzen sind »Schreiberinnen» und »Vorsteherinnen« belegt, die Frau eines Gaufürsten von Assiut ist »Wesirin« und »Richterin«, und aus Beni Hasan kennen wir den Titel einer »Schatzmeisterin«. Aus all diesen Titeln folgt auch, daß der Schulbesuch Mädchen nicht vorenthalten war. Erwähnenswert mag auch sein, daß die altägyptische Gottheit der Schrift eine Göttin ist, Seschat, die in vielen Darstellungen mit Schreibbinse, Papyrus und Palette dargestellt wird. Allgemein jedoch ist der Bereich der Verwaltung eine typisch männliche Berufsgruppe. In der Politik tritt die Frau als Regentin auf und hat als Beraterin des Königs entscheidenden Einfluß.

Auf der anderen Seite bleibt der Mann im häuslich-familiären Bereich im Hintergrund und überläßt die leitende Funktion der Frau. Angesichts der Gewichtung von öffentlichem und privatem Bereich, die eindeutig der Familie den Vorrang vor dem Berufsleben einräumt, gewinnt diese dominierende Stellung der »Herrin des Hauses« besonderes Gewicht.

Von grundsätzlicher Bedeutung bei allen die Rechtsstellung der Frau betreffenden Fragen ist die Flexibilität der jeweiligen Regelungen, die sich nicht an einem festen Schema von Einzelverordnungen orientieren, sondern von der jeweiligen individuellen Situation ausgehen. Bei diesen ad-hoc-Entscheidungen spielen soziales Umfeld und persönlicher Status ebenso eine Rolle wie Qualifikation und Durchsetzungsvermögen.

Ein eindrucksvolles Dokument solch individuellen Verhaltens einer Frau liefert das Testament der Naunachte, der Frau eines Handwerkers im thebanischen Deir el-Medina aus dem Jahr 1144 v. Chr., in dem sie eine höchst eigenwillige, der Standarderbfolge widersprechende Verfügung trifft und vor Gericht bestätigen läßt:

»Was mich betrifft, . . . ich zog diese acht Diener (= Kinder) auf. Ich gab ihnen einen Hausstand, bestehend aus allen Sachen, wie man es ihresgleichen tut. Siehe, ich bin alt geworden. Siehe, nun kümmern sie sich nicht um mich. Was jeden von ihnen anbetrifft, der seine Hand auf meine Hand gelegt hat, dem werde ich aus meinen Sachen geben. Was aber denjenigen anbetrifft, der mir nichts gegeben hat, dem werde ich aus meinen Sachen nichts geben.«

Nicht weniger pragmatisch äußert sich die Gemahlin eines Priesters aus Qasr el-Sajad um 2200 v. Chr., der ihr bei seinem Tod ein Stück Land vermacht und diese testamentarische Verfügung in seine Grabinschrift aufnimmt: »Ich habe dies getan für diese (meine Frau) Di-es-en-ek, weil sie in meinem Herzen einen Ehrenplatz hatte.« Die Witwe fügt einen lapidaren Satz an und spricht: »Was jeden betrifft, der dieses Land von mir nehmen sollte, ich werde gegen ihn gerichtlich vorgehen, beim großen Gott.« Die Frau bleibt also auch nach dem Ableben ihres Mannes eine freie Rechtspersönlichkeit.

Eine Auseinandersetzung zwischen den Eheleuten in einer finanziellen Angelegenheit, in der schließlich der Mann gegenüber seiner Frau klein beigeben mußte, wird in einem Brief aus der Zeit um 1000 v. Chr. erkennbar, in dem der Ehemann, der Armeeoberst Schedsu-Chons, an seinen Pächter, einen Nubier, schreibt: »Ich teile dir mit, daß ich nach Theben zurückgekehrt bin. Nun hatte ich dir gesagt: Ich werde dich nicht mehr wirtschaften lassen. Doch siehe, meine Ehefrau, die Herrin meines Hauses, hat mir gesagt: Nimm dem Pächter den Acker nicht weg. Überweise ihn ihm wieder, laß ihn ihn weiter bewirtschaften. Wenn nun mein Brief zu dir gelangt, so nimm dich des Ackers an und vernachlässige ihn nicht . . .«

Es fällt wohl nicht schwer, dieses Ehepaar aus dem schriftlichen Originaldokument in den Bereich des Bildes umzusetzen, in eine Gruppenstatue etwa, in der die Frau den Mann bei der Hand nimmt oder umarmt, aktiv und entschlossen, während er sich dem sanften Druck ihrer Hand, ihres Armes, ihrer Persönlichkeit fügt.

Lit.: A. Scharff - E. Seidl, Einführung in die ägyptische Rechtsgeschichte bis zum Ende des Neuen Reiches, Glückstadt 1939; E. Seidl, Ägyptische Rechtsgeschichte der Saiten- und Perserzeit, Glückstadt 1969; ders., Ptolemäische Rechtsgeschichte, Glückstadt 1962; P. W. Pestman, Marriage and matrimonial property in Ancient Egypt, Leiden 1961; R. Tanner, in: Klio 46, 1965, 45-81; 49, 1967, 5-37; Sh. Allam, in: Bibliotheca Orientalis 26, 1969, 155-159; ders., in: The Journal of Egyptian Archaeology 67, 1981; 116-135; S. Grunert, in: Zeitschrift für ägyptische Sprache und Altertumskunde 105, 1978, 114-122; G. Vittmann, in: Enchoria 11, 1982, 77-84.

Der Realitätsanspruch altägyptischer Texte und Bilder erlaubt auf dem Umweg über Grabinschriften und Grabreliefs einen Einblick in ganz konkrete Alltagsverhältnisse. Die Handlungsfähigkeit der Frau in allen privatrechtlichen Angelegenheiten überträgt sich vom diesseitigen auf das jenseitige Leben; der Anspruch der Frau auf den im Ehevertrag festgelegten Anteil am ehelichen Vermögen wird umgesetzt in ihr Anrecht auf eine dementsprechende Versorgung im Jenseits, fixiert in der Opferliste als dem juristisch wichtigsten Text des Grabes.
Im Grabrelief der Keti-sen sind sämtliche Inschriften auf die Darstellung der Frau im rechten Bildteil hin orientiert, so daß alle in der langen Opferliste aufgezählten Opfergaben ihr zugesprochen sind.
Die gleiche Größe der beiden Figuren des Reliefs — Keti-sen rechts, ihr Mann Huti links — läßt zwar an eine gleichrangige Stellung beider Personen in diesem Bildzusammenhang denken, aber sowohl die Orientierung der Inschriften als auch ein Detail der Frauendarstellung lassen keinen Zweifel an den Prioritäten: Keti-sen streckt beide Hände zum Opfertisch aus und ist damit zweifellos aktiver als Huti, der in würdevoll erscheinender Passivität abgebildet ist. Der volle Text der Inschriften gibt Hutis direkte Rede wieder, die Überweisung einer eindrucksvollen Opferstiftung an seine Frau, die offenbar erhebliches Vermögen in die Ehe eingebracht hatte, über das sie die Verfügungsgewalt behielt.

Wir wollen uns zusammen niederlassen, nicht kann uns Gott trennen.

Statue Kairo, CG 42206

18

Grabrelief der Keti-sen

Kairo, CG 1392
Kalkstein
H. 48 cm, Br. 95 cm
Aus Sakkâra, Mastaba Nr. 88
(Mariette B 9)
Altes Reich, 4./5. Dynastie,
um 2475 v. Chr.

Lit.: Porter-Moss, Topographical Bibliography, III[2], 489; L. Borchardt, Denkmäler des Alten Reiches (CG), I, 53, Blatt 13.

Ich kenne das Gehen
einer Männerfigur
und das Kommen
einer Frauenfigur.

Stele des Irtisen, Paris

19

Stele des Nit-Ptah

Kairo, JE 45625
Kalkstein, bemalt
H. 23 cm, Br. 31 cm

Aus Theben-West, Ostrand des Assasif
Mittleres Reich, 12. Dynastie,
um 1950 v. Chr.

Die Stellung der Frau im öffentlichen Leben Altägyptens ist nicht nur aus Akten und Urkunden ablesbar, sondern findet ihren unmittelbaren Ausdruck auch in den Werken der bildenden Kunst. Statuen, Stelen und Reliefs stammen zwar fast ausschließlich aus kultischem Zusammenhang, aus Tempeln und Gräbern, aber die Grundprinzipien der bildlichen Darstellung spiegeln Lebenswirklichkeit wider.

Auf der Grabstele des Nit-Ptah sind männliche und weibliche Figuren gleich groß abgebildet, auf eine gemeinsame Standlinie gestellt und in gleichen Abständen auf die Bildfläche verteilt. Diese quantitative Ausgewogenheit bezeichnet die qualitative Gleichrangigkeit der vier Personen.

Die Unterschiede zwischen den männlichen und weiblichen Gestalten weisen auf die spezifischen Tätigkeits- und Kompetenzbereiche der beiden Geschlechter hin. Nit-Ptah und sein Sohn Antef sind dunkelhäutig und schreiten weit aus. Sie sind außer Haus tätig, treten hinaus in die Geschäftigkeit von Landwirtschaft, Handwerk, Politik. Stab und Szepter sind soziale Rangabzeichen, die in der Öffentlichkeit getragen werden.

Nit-Ptahs Frau Seni im perlenbestickten Kleid und die Tochter Ded sind hellhäutig und dadurch auf den innerhäuslichen Bereich festgelegt. Aufschlußreich ist die unterschiedliche Schrittstellung der beiden Frauengestalten: Seni, die Mutter, hat die Füße fast geschlossen nebeneinander gestellt, während die Tochter den linken Fuß einen Schritt nach vorn setzt. Gegenüber dieser jugendlich unbekümmerten Bewegung wirkt die Haltung der reifen Frau beherrscht, zurückhaltend.

Den Amtsabzeichen Stab und Szepter beim Mann entsprechen bei der Frau die Lotosknospe und Lotosblüte, Symbole des unter den hegenden und pflegenden Händen der Frau aufkeimenden und voll erblühenden Lebens.

Öffentliches und privates Leben, gleichwertig nebeneinander stehend, einander ergänzend, sind im gleichmäßigen Wechsel von Mann und Frau auf dieser Stele als zwei Aspekte menschlichen Selbstverständnisses sichtbar gemacht.

Lit.: Unveröffentlicht; vgl. Porter-Moss, Topographical Bibliography, I[2], 618.

Siehe, meine Ehefrau,
die Herrin meines Hauses, sagte mir:
Nimm dem Pächter das Feld nicht weg.

Pap. Berlin 8523

20

Porträtstatue einer Frau

Kairo, CG 33
Holz, teils bemalt
H. 61 cm, Br. 26 cm, T. 22 cm
Aus Sakkâra, Mastaba Nr. 36
(Mariette C 8)
Altes Reich, 4. Dynastie, um 2500 v. Chr.

Eines der aussagekräftigsten Indizien für die dem Mann gleichrangige Stellung der Frau ist der Rang, der der Darstellung der Frau in der ägyptischen Kunst zukommt. Bereits in der frühesten steinernen Rundplastik steht das Frauenbildnis in Format und Qualität selbstbewußt an der Seite der männlichen Statuen.

Aus der Zeit der großen Pyramiden von Gisa stammt der obere Teil der hölzernen Porträtstatue einer Frau, die aufgrund des Fundortes als Gemahlin des Ka-aper gelten darf, des berühmten »Scheich el-Beled«, des Dorfschulzen, der wegen der fast beängstigenden Lebendigkeit des Ausdrucks seiner Holzstatue zu Recht als eines der repräsentativsten Werke ägyptischer Porträtplastik gilt.

»Frau Dorfschulze« tritt uns in ihrer Statue als eine reife, willensstarke Persönlichkeit entgegen. Ihre kräftigen Gesichtszüge erhalten durch die weit auseinanderstehenden Augen und den weich modellierten Mund viel Individualität. Der Eindruck von Beweglichkeit und Grazilität ergibt sich aus dem auf schlankem Hals frei über den Schultern erhobenen Kopf, dessen gescheitelte Perücke durch den doppelt gestuften unteren Rand duftige Leichtigkeit erhält.

Eine selbstbewußte, eigenverantwortlich handelnde Persönlichkeit, eine Frau, die sich nicht im geringsten als Funktion des Mannes versteht, sondern im Sozialgefüge ihrer Zeit eine Rolle einnahm, die noch heute, nach 4500 Jahren, fast revolutionär wirkt. Eine Zeitgenossin der in der Holzstatue dargestellten Frau war die Königsmutter Chentkaus, die sich neben einem monumentalen Grab im Pyramidenfeld von Gisa in Abusir eine Pyramide errichten ließ.

Die vom Künstler in den Porträtzügen der Statue geschaffene Verbindung von herbem Realismus und verhaltener Anmut wiederholte sich ursprünglich auch in der Körperbildung; auf dem schlanken Frauenkörper saß eine kräftige Schulterpartie, deren auffallende Breite durch das Fehlen der einst mit Holzzapfen angesetzten Arme abgemildert ist.

Die Bedeutung des glatten Schnitts in Hüfthöhe, der sich in einer weiteren Statue des Ka-aper wiederfindet, ist nicht bekannt; eine Beziehung zu den sog. »Ersatzköpfen«, in denen die Darstellung des Menschen auf einen Porträtkopf reduziert ist, liegt nahe.

Lit.: Porter-Moss, Topographical Bibliography, III^2, 459-460; L. Borchardt, Statuen und Statuetten (CG), I, 31-32, Blatt 9; zur Datierung in die 4. Dynastie: Cl. Vandersleyen, in: The Journal of Egyptian Archaeology 69, 1983, 61-65.

tausend ägyptischer Geschichte, seit der Dritten Zwischenzeit. Hochgestellte Damen des Königshauses, in der Regel Königstöchter, verpflichten sich als Gottesgemahlinnen des Amun zu lebenslänglicher Jungfräulichkeit, um nur dem Gott zu dienen. In lückenloser Folge sind sie bei einer erstaunlich langen »Dienstzeit« von etwa fünfzig Jahren für den Zeitraum von etwa 1000 bis 500 v. Chr. nachzuweisen. Ihre Nachfolge ist durch Adoption geregelt und dadurch von großer Kontinuität. Die politische Bedeutung dieser Gottesgemahlinnen des Amun von Karnak liegt in der Kontrolle begründet, die sie über den mächtigsten Tempel Ägyptens ausüben, da sie ja gleichzeitig dem Königshaus verwandtschaftlich eng verbunden sind.

Ihre Namen werden wie die von Königen in Kartuschen geschrieben, und ihre Titulaturen beinhalten königliche Titel wie »Herrin der Beiden Länder«. Sie halten Hof wie wirkliche Herrscher, und ihr Hofstaat unter der Leitung eines Obervermögensverwalters hat repräsentativen Umfang.

Legitimiert ist ihre Stellung durch Epitheta wie »die sich mit dem Gott vereinigt«, »die ein Leib wird mit dem Gott«, oder zurückhaltender »die das Heiligtum erfüllt mit dem Duft ihres Wohlgeruchs«, oder auch durch Äußerungen Amuns über sein Einswerden mit der Gottesgemahlin: »Mein Herz ist höchst zufrieden.«

So wird die weiblichste aller weiblichen Eigenschaften, den Mann zu bezaubern und in der Verbindung mit ihm einen Höhepunkt und eine Erfüllung des Lebens zu schenken, auf höchster theologischer Ebene formuliert und in sogar politisch wirksame Realität umgesetzt.

Die Frau in ihrer Eigenschaft als Frau schlägt Brücken zwischen Mensch und Gott, führt Menschliches in seiner vollkommensten, schönsten Gestalt in die Götterwelt ein und bringt in ihrer Weiblichkeit einen Hauch von Göttlichem auf die Erde. Die Polarität von Männlichem und Weiblichem wird in Analogie gesetzt zum Spannungsfeld Gott — Mensch, das in der Verschmelzung der Geschlechter seine lebenspendenden und welterhaltenden Energien freisetzt.

Lit.: M. Murray, in: Transactions of the Third International Congress for the History of Religions, I, 1908, 220-224; A. M. Blackman, in: The Journal of Egyptian Archaeology 7, 1921, 8-30; H. G. Fischer, in: Lexikon der Ägyptologie III, 1100-1105, Stichwort »Priesterin«; C. E. Sander-Hansen, Das Gottesweib des Amun, Kopenhagen 1940; M. Gitton - J. Leclant, in: Lexikon der Ägyptologie II, 792-812, Stichwort »Gottesgemahlin«; E. Graefe, Untersuchungen zur Verwaltung und Geschichte der Institution der Gottesgemahlin des Amun vom Beginn des Neuen Reiches bis zur Spätzeit, Wiesbaden 1981.

Mit hohem Hals und strahlender Brust
hat sie echtes Lapislazuli zum Haar.
Ihre Arme übertreffen das Gold,
ihre Finger sind wie Lotoskelche.

Papyrus Chester Beatty I

21

Grabrelief der Aschait

Kairo, 11/11/20/17
Kalkstein
H. 80 cm, Br. 86 cm, T. 38 cm
Aus Theben-West, Totentempel Mentuhoteps II.
Mittleres Reich, 11. Dynastie, um 2050 v. Chr.

Mentuhotep II. führt von seinem Heimatort Theben aus Ägypten zu Beginn des Mittleren Reiches zu neuer Blüte; er sieht sich der im oberägyptischen Dendera beheimateten Göttin Hathor besonders eng verbunden und scheint den Hathorkult nach Theben gebracht zu haben, wo er in der Folgezeit eine seiner bedeutendsten Pflegestätten finden wird.
Mehrere Nebenfrauen des Königs sind als Priesterinnen der Hathor ein wichtiges Bindeglied zwischen weltlicher und geistlicher Sphäre. Ihre Gräber in Deir el-Bahari in Theben-West werden von Mentuhotep II. in seinen Totentempel einbezogen, wodurch der Hathorkult zum festen Bestandteil des religiösen Programms der königlichen Grabanlage wird.
Das Relief der Aschait stammt von der Außenwand der Kultkapelle, die sich über dem Grabschacht des unterirdischen Felsengrabes der königlichen Nebenfrau erhob. Zur Frontseite der Kapelle gehört die Figur eines Opfernden und das Bild einer Kuh mit Kälbchen, wohl eine mythologische Anspielung auf Hathor; auf der anderen Seite der von einem Rundstab gebildeten Kapellenecke tritt Aschait, die Hathorpriesterin und Königsgemahlin, aus der Kapellentür, die durch ihre Bemalung als Holzkonstruktion bezeichnet ist.
Das eng anliegende Kleid endet unter den Brüsten und wird von zwei schmalen perlenbestickten Trägern gehalten; um die Schultern ist ein breiter Perlenhalskragen gelegt; Knöchel und Handgelenke tragen mehrreihige Schmuckreifen. Die kugelige Perücke ist in feine Löckchen gegliedert.
Die Figur wirkt in ihrer Schlankheit und in den festen, straffen Gesichtszügen jugendlich, ist aber in eine strenge Haltung gepreßt, die ebenso auf die priesterliche Funktion hinweist wie das in der Rechten gehaltene Lebenszeichen. Das Nebeneinander von Steifheit und Frische wiederholt sich noch einmal in der Lotosblüte, die sich Aschait an die Nase hält: Die voll erblühte Blume läuft in einem Stengel aus, der wie ein Holzstock wirkt.
Im links anschließenden Bildfeld derselben Wand folgte eine Figur des Königs, der hinter(!) der Priesterin und Königsgemahlin Aschait dargestellt war.

Lit.: Porter-Moss, Topographical Bibliography, II[2], 387 (fälschlich dem Metropolitan Museum of Art, New York, zugeschrieben); E. Naville, The XIth dynasty temple at Deir el-Bahari, I, 69, Tf. XVIII; II, Tf. XIV. XVI. XVII.

Herrin all dessen, was die Sonne umkreist,
Königstochter, Gottesgemahlin, Gottesgeliebte.

Vom Rückenpfeiler der Statue

22

Standfigur der Schepenupet II.

Kairo, CG 42200 = JE 36694
Granit
H. 135 cm, Br. 40 cm, T. 30 cm

Aus Karnak, Statuen-Cachette
Spätzeit, 25. Dynastie, um 700 v. Chr.

Lit.: Porter-Moss, Topographical Bibliography, II[2], 152; G. Legrain, Statues et statuettes (CG), III, 9, Tf. VIII; J. Leclant, Recherches sur les monuments thébains de la XXVe dynastie, 1965, 119-120; J. Leclant, in: Lexikon der Ägyptologie, II, 792-815.

Waren priesterliche Funktionen von Frauen im Alten und Mittleren Reich meist auf den Kult von Göttinnen beschränkt, so spielten Priesterinnen seit Beginn des Neuen Reiches eine zunehmend bedeutende Rolle im Kult des Amun von Karnak.

Für Damen der gehobenen Gesellschaft des Neuen Reiches gehörte die — teils wohl rein nominelle — Funktion einer »Sängerin des Amun« zum Sozialprestige. Die Ränge einer »Gotteshand des Amun«, »Gottesgemahlin des Amun« und »Gottesverehrerin des Amun« wurden fast ausschließlich von Königinnen und Prinzessinnen bekleidet und waren dogmatisch wie realpolitisch von außerordentlich großer Bedeutung für das ägyptische Königshaus.

Im Mythos von der göttlichen Geburt Pharaos wird der ägyptische König aus der ehelichen Verbindung des Götterkönigs Amun mit einer irdischen Königin geboren. Der Amun-Tempel von Karnak ist damit das göttliche Elternhaus des Königs, das Reichsheiligtum. Im Priesteramt der dem Königshaus entstammenden »Gottesgemahlin« bleibt der König seinem göttlichen Vater dankbar verbunden.

Mit zunehmender wirtschaftlicher und politischer Macht des Amuntempels im Laufe des Neuen Reiches, die schließlich gegen 1100 v. Chr. den Karnaktempel zu einem selbständigen politischen Zentrum Oberägyptens werden läßt, versuchen die Pharaonen, Karnak unter Kontrolle zu halten, indem sie Königstöchter als »Gottesgemahlin des Amun« in Theben etablieren.

Diese von den Libyerkönigen der Dritten Zwischenzeit eingeführte Praxis wird von den sudanesischen Fremdherrschern der 25. Dynastie, den Kuschiten, aufgegriffen. Töchter der kuschitischen Könige sind als Gottesgemahlinnen des Amun zusammen mit ihren ihnen treu ergebenen Obergüterverwaltern de facto Statthalter ganz Ägyptens, während die Könige im nordsudanesischen Napata residieren.

Schepenupet II., Tochter des Kuschitenkönigs Pije, der Ägypten vom Sudan aus bis nach Memphis eroberte, zeigt sich in ihrer Granitstatue als »Gottesgemahlin und Gottesgeliebte« im Ornat einer Königin: Über ihrer Zopfperücke liegt der Geierbalg der Kronengöttin Nechbet; an der Stirn sitzt der königliche Uräus, auf dem Kopf die Doppelfederkrone, von der nur noch ein kleiner Rest erhalten ist. Die afrikanische Herkunft dieser Frau auf dem königlichen Priesterthron in Karnak läßt sich an den Körperformen der Statue unschwer erkennen. Der kurze Hals, die stark betonte Hüft- und Oberschenkelpartie, das markante, von starken Jochbeinen geprägte Gesicht sind typische Erscheinungsformen des sudanesischen Herrscherhauses.

Die Frau am Ägyptischen Königshof

Entsprechend der Rolle des Königs als höchstem Repräsentanten der Menschheit fungiert die Königin als Inbegriff des Weiblichen. In ihrer priesterlichen Eigenschaft als Gottesgemahlin schließt sie die Kluft zwischen Gott und Mensch, in ihrer rechtlichen Stellung kommen ihr als Gefährtin und Beraterin des Königs politische Einflußmöglichkeiten zu, und als Königsmutter wirkt sie prägend auf den Thronfolger. Gemäß der geschlechtsspezifischen Funktionenaufteilung ist die Domäne der Königin der Hof und die Königsfamilie, aber unter besonderen Gegebenheiten stehen ihr weitergehende individuelle Entfaltungsmöglichkeiten offen.

Als Regentinnen anstelle eines noch unmündigen Thronfolgers sind Königinnen schon für Ägyptens Frühzeit belegt (Neith-hotep und Meret-Neith), eine politisch stabilisierende, Kontinuität gewährleistende Funktion, die noch verschiedene Male im Verlauf der ägyptischen Geschichte in Kraft treten wird. Nur selten tritt die Regentin zum gegebenen Zeitpunkt nicht in den Hintergrund zurück, um dem männlichen Thronfolger Platz zu machen. Hatschepsut, Regentin für Thutmosis III., und Tausret, Regentin für Siptah, haben sich zu Königinnen aufgeschwungen, haben aber dabei — wie bei Hatschepsut ganz eindeutig feststellbar — ihr Frausein geopfert, da sie ohne den männlichen Begleiter die vom König zu garantierende Weltordnung darstellen wollten. Wie die Erfüllung menschlicher Existenz im nichtköniglichen Bereich in der Ehe und in der Nachkommenschaft gesehen wurde, so konnte auch königliche Herrschaft als Konzentrat menschlichen Lebens nur auf der Grundlage einer königlichen Familie als gültig angesehen werden. Unschwer lassen sich Königsgemahlinnen und Königsmütter für den gesamten Verlauf der altägyptischen Geschichte, von Dynastie zu Dynastie zusammenstellen, da die historischen Quellen ganz bewußt darauf Wert legen, den Herrscher in die Dynastie, die königliche Abstammungslinie einzubeziehen, die ihre Kontinuität aus den Frauen des Hofes erhält.

In königlichen Gruppenstatuen erscheint schon im Alten Reich, zur Pyramidenzeit, der König in Begleitung seiner Gemahlin, die ihn umarmt. Königinnen des Mittleren Reiches werden in überlebensgroßen Statuen abgebildet und zeigen sich in Sphinxgestalt, also unter göttlichen Aspekten. In der 18. Dynastie, im 14. Jahrhundert v. Chr., treten sie neben und mit ihrem königlichen Gemahl öffentlich im politischen Geschehen auf, bei Staatsakten wie z. B. Ordenverleihungen, und in der offiziellen Ikonographie erscheint Teje, die große königliche Gemahlin Amenophis' III. als Sphinx, die ausländische Frauen (!) zertritt, und Nofretete als heldenhafte Gestalt, die mit erhobenem Krummschwert die Feinde Ägyptens bedroht.

Andererseits sind es gerade diese Königinnen im Umkreis der religiösen »Revolution« Amenophis' IV. - Echnaton, die die nichtoffizielle, die rein weibliche Natur der Königin in den Vordergrund stellen, entstammen sie

doch nichtköniglichen Familien, vom König zur großen Gemahlin auserwählt nicht aus Gründen der Staatsräson oder aus dynastischen Überlegungen, sondern ihrer Persönlichkeit wegen.
Unter dem Einfluß dieser profilierten Frauen am Königshof, die neben ihrem königlichen Gemahl offiziell immer in begleitender, nie eindeutig dominierender Haltung bleiben, hat Ägypten eine Sensibilisierung aller Lebensbereiche erfahren, eine Öffnung seiner politischen, geistigen und künstlerischen Horizonte. Literatur und Kunst der hohen und späten 18. Dynastie, beginnend mit Hatschepsut bis hinein in die frühe Ramessidenzeit, sind von einer Transparenz und Leichtigkeit, Intensität und Lebensnähe, die im Vergleich zur Traditionsgebundenheit früherer und späterer Epochen als typisch weiblich bezeichnet werden darf.
Stärker als beim König, der zuallererst Garant einer Institution und Träger gottgegebener Macht ist, kommt in der Persönlichkeit der Königinnen das Menschliche, Individuelle zum Durchbruch. Eine Geschichte Ägyptens in den Biographien seiner Königinnen wäre ein kulturhistorisch und geistesgeschichtlich lebendigeres und anschaulicheres Bild altägyptischer Realität als die übliche kommentierte Königsliste.
An ungewohnten Zügen wäre eine solche Geschichte nicht arm. Sie hätte zu berichten vom königlichen Frauenhaus, dem Harim, dem unter Amenophis III. 270 Frauen vom Mitanni-König Tuschratta zur Verfügung gestellt wurden. War der Harim im Alten und Mittleren Reich vor allem die Wohn- und Verwaltungseinheit der unmittelbaren Umgebung der Königin, wo die Königskinder und die Kinder vornehmer Familien erzogen wurden, so erweiterte sich seine Funktion im Neuen Reich zum Zentrum höfischen Lebens, das in der weltoffenen Lebensart der Ramessidenzeit auf ausländische Harimsdamen nicht verzichten wollte. Manche von ihnen wurden Nebenfrauen des Königs, so daß die stolze Zahl von mindestens 25 Söhnen und 17 Töchtern Ramses' II. nicht mehr utopisch erscheint.
Die Überfremdung des königlichen Harims und das für Altägypten unvertraute Zusammenleben mehrerer Frauen in Polygamie mit einem Mann führte geradezu zwangsläufig zu Intrigen und dynastischen Problemen, wie sie sich vor allem in der Ramessidenzeit in Harimsverschwörungen äußern, deren einer auch Ramses III. zum Opfer fällt.
Viele der Harimsdamen wurden verdienten Beamten zur Frau gegeben, und auf diese Weise entstanden loyale, fast familienähnliche Bindungen zwischen Beamtenschaft und Königshaus.
Doch vor all diesen Randerscheinungen, die sicherlich nicht zufällig an Verhältnisse an barocken Fürstenhöfen erinnern, steht auch am Königshof die traditionelle Familienstruktur; gerade zur Zeit des Neuen Reiches wird die starke emotionale Bindung der großen Herrschergestalten an ihre »große königliche Gemahlin« selbst in offiziellen Inschriften betont. Amenophis III. und Teje, Echnaton und Nofretete, Ramses II. und Nefertari sind zu Recht klassische Paare der Weltgeschichte geworden.

Lit.: J. Buttles, The queens of Egypt, London 1908; W. Seipel, Untersuchungen zu den ägyptischen Königinnen der Frühzeit und des Alten Reiches, Hamburg 1980; E. Reiser, Der königliche Harim und seine Verwaltung, Wien 1982; C. J. Bleeker, in: Atti dell' VIII Congresso Internazionale di storia delle religioni, Florenz 1956.

Die Tochter des Königs
von Ober- und Unterägypten,
die Gemahlin des Königs,
Hetep-heres. Grabinschrift Gisa

23

Relief der Königin Hetep-heres II.

Kairo, JE 54939
Kalkstein. Br. 84 cm, H. 43 cm

Aus Gisa, Mastaba G 7350 der Hetep-heres
Altes Reich, 4. Dynastie, um 2550 v. Chr.

Lit.: Porter-Moss, Topographical Bibliography, III[2], 193; W. St. Smith, A history of Egyptian sculpture and painting in the Old Kingdom, 1946, 164-165. 302, Tf. 45 a; W. Seipel, Untersuchungen zu den ägyptischen Königinnen der Frühzeit und des Alten Reiches, 1980, 115-121 (Relief fälschlich dem Museum of Fine Arts Boston zugeschrieben).

Königinnen haben in der politischen Geschichte Ägyptens vielmals eine entscheidende Rolle gespielt. Sie waren neben den Pharaonen gleichwertige Trägerinnen der Legitimität des Herrscherhauses, die häufig Dynastie-Wechsel überbrückten, sie nahmen am politischen Geschehen Anteil und waren für die Erziehung der Königskinder verantwortlich.

So ist es nicht verwunderlich, daß Darstellungen ägyptischer Könige in Begleitung ihrer Mutter viel häufiger sind als die Abbildung des Königs mit seinem Vater und Vorgänger. Die Königin stellt die Kontinuität über den Regierungswechsel hinweg her, sie ist ein Element politischer Stabilität, ihr weiß sich der junge König mehr verpflichtet als seinem königlichen Vater.

Zur Zeit der großen Pyramidenerbauer der 4. Dynastie, des Snofru, Cheops, Chephren und Mykerinos sind die Gräber der Damen des Königshauses die einzigen ausführlichen historischen Quellen. Während Cheops selbst als Persönlichkeit nur in einer winzigen Elfenbeinstatuette erhalten ist, treten uns seine Tochter Hetep-heres II. und seine Enkelin Meresanch III. in großformatigen Grabreliefs mehrfach gegenüber.

Obwohl beide die Titel einer Königsgemahlin tragen — Hetep-heres II. war mit Rê-djedef, Meresanch mit Chephren verheiratet —, weist ihre Kleidung nicht auf diesen Rang der »first lady« hin. Sie sind selbständige Persönlichkeiten, die ihre Autorität nicht aus der Stellung ihres königlichen Gemahls, sondern aus ihrem eigenen Selbstbewußtsein beziehen.

Das Relief aus dem Grab der Hetep-heres II. zeigt links die noch jugendlich wirkende königliche Gemahlin Meresanch, während Hetep-heres als reife, energische Frauengestalt geschildert ist.

Die Ausstattung, die der königlichen Gemahlin des Snofru und Mutter des Cheops mit ins Grab gegeben wurde, steht durchaus würdig neben den großen Schatzfunden aus dem Tal der Könige und aus Tanis. Ein vergoldeter Baldachin, ein Bett mit Kopfstütze, eine Sänfte, zwei Thronsessel, eine Truhe mit Schmuck und eine Fülle von Gefäßen aus Stein und Edelmetall wurden am 2. Februar 1925 durch Zufall in einem dürftigen Grabschacht dicht beim Totentempel der Cheopspyramide gefunden. Kostbarste Funde in einem primitiven Felsenloch, drangvolle Enge in der Kammer, ein leerer Kalzitsarg: Alles deutet darauf hin, daß die Grabausstattung der Königsmutter von deren Sohn Cheops nahe bei seinem Pyramidengrab in einem unscheinbaren und darum sicheren Versteck wiederbestattet wurde, als das eigentliche, erste Grab der Königin in Dahschur nahe der Pyramide ihres Gatten Snofru von Grabräubern gestört worden war.
Die kleine goldene Schnabelschüssel aus dem Grabschatz der Hetep-heres I. entspricht in ihrer Form dem Wassergefäß, das zur Handwaschung und als Weihegefäß vewendet wird, ist aber aufgrund ihres kleinen Formats nicht für praktischen Gebrauch bestimmt gewesen, sondern diente als Scheingefäß, das trotz seiner reduzierten Größe im Grab voll wirksam war, da es als formal exaktes Abbild eines wirklichen Waschgefäßes dessen Funktionen übernahm.
Die Kostbarkeit des Materials und die technische Perfektion der Goldbearbeitung sind den königlichen Werkstätten angemessen, in denen diese Geräte produziert wurden. Da alle Königsgräber des Alten Reiches völlig ausgeraubt sind, kann allein dieser Grabfund eine Vorstellung vom höfischen Alltag um 2550 v. Chr. vermitteln.

Wasche dein Gesicht in Glück
und Gesundheit,
indem du Freude genießt.

Gefäßinschrift Kairo

24

Schnabelgefäss

Kairo, JE 52404
Gold
Durchmesser 8 cm, mit Tülle 10,5 cm
Aus Gisa, Grabversteck G 7000 der Hetep-heres I.
Altes Reich, 4. Dynastie, um 2550 v. Chr.

Lit.: G. A. Reisner, A history of the Giza necropolis, II, 1955, 45; fig. 45, N. 1084; Tf. 40 b.

Die Fürstin, groß an Vollendung,
groß an Beliebtheit,
die Mutter des Königs
von Ober- und Unterägypten,
die Gottesgemahlin
und Königsgemahlin Tuj.

Statueninschriften der Tuj

25

Sitzfigur der Königin Tuj

Kairo, JE 37484
Granit
H. 151 cm, Br. 55 cm, T. 82 cm
Aus Tanis
Mittleres Reich, 12. Dynastie,
um 1900 v. Chr.;
im Neuen Reich, 19. Dynastie,
um 1270 v. Chr. umgearbeitet und
wiederverwendet

Ramses II., eine der imposantesten Herrschergestalten Altägyptens, hat seiner Mutter Tuj, der »großen königlichen Gemahlin« Sethos' I., an vielen Orten des Landes in Bauten, Reliefs und Statuen gedacht, von Abu Simbel im tiefen Süden bis in die Ramsesstadt im Nordosten des Nildeltas. Von dort dürfte der obere Teil einer überlebensgroßen Sitzfigur stammen, die zwar 1887 in Tanis im äußersten Nordosten des Deltas gefunden wurde, aber sicherlich wie Hunderte von Statuen, Reliefblöcken und Obelisken von den Königen von Tanis um 1000 v. Chr. aus der zum Steinbruch degradierten Ramsesstadt weiter nach Norden verschleppt worden war.
Der Funktion der Königsmutter als Hüterin der Tradition und Trägerin der Legitimität hat Ramses II. in dieser Statue seiner Mutter auf eine besondere Weise Rechnung getragen: Er hat eine damals bereits 600 Jahre alte Granitstatue einer Königin der 12. Dynastie in eine Darstellung seiner verehrten Mutter umarbeiten lassen.
Die Spuren dieser »Modernisierung« sind allenthalben leicht erkennbar: Die für das Mittlere Reich charakteristischen großen Ohren wurden abgearbeitet; das gesamte Körpervolumen wurde um mehrere Zentimeter reduziert, so daß die einst glatte Gewandoberfläche in feines Plissée umgearbeitet werden konnte, aber auch unter den Oberschenkeln eine Art Kissen stehen blieb; auch die Perücke erfuhr erhebliche Veränderungen: Fein gelockte Strähnen und Geierhaube traten an die Stelle einer gewellten Perücke mit schneckenförmig eingedrehten Zöpfen, deren Spuren auf den Brüsten noch sichtbar sind. Eine heute kaum ins Auge fallende Umarbeitung der Ramessidenzeit verlieh der Statue ein völlig neues Ansehen: eine Krone, die wohl aus Uräenkranz, Sonnenscheibe und einem von Hörnern flankierten Federpaar bestand. Von dieser Krone der Göttinnen Hathor und Isis, die von ramessidischen Königinnen als Zeichen ihrer gottnahen Stellung getragen wurde, zeugt nur die leichte Abplattung des Kopfes und ein quadratisches Zapfloch auf dem Scheitel, in dem die Krone verankert war. Das Gesicht aber blieb unangetastet. Die markanten, herben Züge einer Königin, die mehr als ein halbes Jahrtausend vor Tuj gelebt hatte, galten als angemessene Darstellung dieser großen Frauengestalt.
Eine originale Inschrift des Mittleren Reiches blieb neben der Neubeschriftung der Seiten- und Rückenfläche des Sitzes auf dessen Vorderseite stehen.

Lit.: Porter-Moss, Topographical Bibliography, IV, 19; Katalog Ramsès le Grand, Paris 1976, 24-27, Nr. IV; zur Königin Tuj: L. Habachi, in: Revue d'Egyptologie 21, 1969, 27-47.

Alles, was sie sagt, wird ihr gemacht,
alles Schöne nach ihrem Wunsche.
Alle ihre Worte bringen Zufriedenheit auf die Gesichter.
Man lebt davon, ihre Stimme zu hören.

Tempelinschrift Luksor

26

Oberteil einer Königinnen-Statue

Kairo, CG 42009 = JE 37216
Kalkstein
H. 15 cm, Br. 12,5 cm, T. 10 cm
Aus Karnak, Statuen-Cachette
Neues Reich, 19. Dynastie, um 1280 v. Chr.

Trachtelemente des Mittleren und Neuen Reiches vermischen sich in diesem Porträt einer Königin ebenso wie stilistische Eigenheiten beider Epochen. Die weit ausladende Perücke mit den schneckenförmig eingerollten Zopfenden ist für die Zeit von 2000 bis 1800 v. Chr. ebenso typisch wie die Betonung der Ohren; die über die Perücke gelegte Geierhaube aber und der verschleierte, nach innen gerichtete Blick datieren das Porträt in die Zeit um 1280 v. Chr., in den Beginn der Ramessidenzeit.

Wie bei der Statue der Mutter Ramses' II. (Kat. 25) verneigen sich Auftraggeber und Künstler vor der verehrungswürdigen Persönlichkeit der Königin, indem sie sie in die Tracht der großen Frauengestalten der Vergangenheit kleiden.

In der Verbindung von traditioneller Tracht und moderner Physiognomie hat der Künstler es verstanden, die Königin in ihrer bewahrenden, aber weltoffenen, in ihrer weise zurückhaltenden, aber aufgeschlossenen Art zu schildern.

Die Königin, zeitlos im eigentlichen Sinn des Wortes, war das Kontinuum in einer Welt, die gerade unter den Ramessiden unruhig geworden war und den Verlust der geistigen Mitte erahnen ließ, der zwei Jahrhunderte später zum Zerfall der politischen und kulturellen Strukturen führen sollte.

Lit.: Porter-Moss, Topographical Bibliography, II^2, 143; G. Legrain, Statues et statuettes (CG), I, 7, Tf. IV; H. Sourouzian, in: Mitteilungen des Deutschen Archäologischen Instituts, Abteilung Kairo, 37, 1981 (Festschrift für Labib Habachi), 452, Tf. 76-77.

Preiset die Herrin des Landes . . .
deren Name erhöht ist über die Bergländer.

Steleninschrift Karnak

27

Oberarmreif

Kairo, CG 52068 = JE 4679
Gold; Einlagen aus Lapislazuli, Karneol, Glas oder Türkis
Durchmesser 6,1 bis 7,3 cm; H. 7,3 cm; Gewicht 58,5 g
Aus Theben-West, Grab der Königin Ah-hotep in Dra Abu el-Naga
Neues Reich, 18. Dynastie, um 1530 v. Chr.

Lit.: Porter-Moss, Topographical Bibliography, I[2], 600; F. W. v. Bissing, Ein Thebanischer Grabfund aus dem Anfang des Neuen Reiches, 1900, 11, Tf. VII, 1; E. Vernier, Bijoux et orfèvreries (CG), I, 32-33; II, Tf. IX; C. Aldred, Juwelen der Pharaonen, 1975, 201-202, Tf. 54. Zur Entdeckung des Grabes: H.-E. Winlock, in: The Journal of Egyptian Archaeology 10, 1924, 252-255.

Im Schatten so berühmter Gestalten wie Hatschepsut, Teje oder Nofretete (Kat. 30-33) bleibt eine große Frau der ägyptischen Geschichte zu sehr im Hintergrund: Ah-hotep, die Mutter des Gründerkönigs des Neuen Reiches Ahmose. Als Gemahlin des Seken-en-Rê, der die ersten entscheidenden Schlachten gegen die Hyksos-Fremdherrscher schlägt, gebiert sie die Prinzen Kamose und Ahmose, die nacheinander von Theben aus als Könige die Einheit Ägyptens wiederherstellen und mit der endgültigen Vertreibung der Hyksos den Grund legen für den weltpolitischen Aufstieg des Pharaonenreiches.
Ah-hotep führt nicht nur, als ihr Sohn Ahmose als zehnjähriges Kind den Thron besteigt, die Regierungsgeschäfte, sondern bleibt für die Innenpolitik zuständig, als die militärischen Operationen während der Konsolidierung des Neuen Reiches den jungen König nach Vorderasien, vielleicht bis zum Euphrat, und nach Nubien bis zum 2. Katarakt führen.
Effektiv in ihrem politischen Handeln, bleibt sie dennoch neben dem legitimen Herrscher stets im Hintergrund. Erst nach ihrem Tode ehrt sie ihr Sohn Ahmose mit einer wahrhaft königlichen Grabausstattung. Er stiftet zahlreiche repräsentative Schmuckstücke aus seinem persönlichen Besitz ins Grab der Mutter, darunter auch einen Oberarmreif, der die Kronengöttin Oberägyptens zeigt, die geiergestaltige Nechbet. Ihre Flügel umspannen schützend den starken Arm des kämpferischen Königs; ihre Klauen halten den »Schen«-Ring, ein Symbol ewiger Dauer.

Sie, die Königsgemahlin Ah-hotep, sie lebe!

Steleninschrift Karnak

28

ARMREIF

Kairo, CG 52071
Gold, Lapislazuli, Karneol, Türkis
L. 15 cm, H. 4,3 cm, Gewicht 60 g
Aus Theben-West, Grab der Königin Ah-hotep in Dra Abu el-Naga
Neues Reich, 18. Dynastie, um 1530 v. Chr.

Auf dreißig Golddrähten sind winzige Perlen aus Gold und Edelsteinen zu Dreieckmustern aufgefädelt; Querstege aus durchbohrtem Goldblech verleihen dem Armband Stabilität. Auf dem Verschluß steht der Geburtsname des Ahmose. Auch dieser Armreif wurde also vom König seiner Mutter mit ins Grab gegeben.

In Karnak ließ Ahmose eine Stele aufstellen, deren Text ein Preislied auf die Königsmutter enthält:

»Preiset die Herrin des Landes,
die Herrscherin der Ufer Phönikiens,
deren Name erhöht ist über die Bergländer,
die entscheidet über das Volk, . . .
die über alles Bescheid weiß,
die Ägypten zusammenhält.
Sie hat Ägyptens Fürsten geeint
und ihren Zusammenhalt gefestigt;
sie hat seine Flüchtlinge heimgeführt
und seine Rebellen gebändigt.
Sie hat Oberägypten zur Ruhe kommen lassen
und seine Aufständischen vertrieben,
sie, die Königsgemahlin Ah-hotep, sie lebe!«

Lit.: Porter-Moss, Topographical Bibliography, I², 600; F. W. v. Bissing, Ein Thebanischer Grabfund aus dem Anfang des Neuen Reiches, 1900, Tf. V, 2; E. Vernier, Bijoux et orfèvreries (CG), 1927, I, 36-38; II, Tf. IX; C. Aldred, Juwelen der Pharaonen, 1975, 199, Tf. 49. Zu Ah-hotep: Cl. Vandersleyen, Les guerres d'Amosis, 1971, 134-191.

Wenn ich sie anrufe,
erhört sie mein Flehen.

Stele Louvre N 662

29

VOTIVSTELE

Kairo, CG 34037 = JE 27573
Kalkstein
H. 52 cm, Br. 41 cm

Aus Theben-West
Neues Reich, Ende 18. Dynastie,
um 1300 v. Chr.

Lit.: Porter-Moss, Topographical Bibliography, I[2], 800; P. Lacau, Stèles du Nouvel Empire (CG), I, 70-72, Tf. XXIV. Zur Verehrung der Königinnen des frühen Neuen Reiches: M. Gitton, L'épouse du dieu Ahmes Néfertari, 1975, und ders., in: Lexikon der Ägyptologie, I, 102-109.

Die historische Bedeutung der Königin Ah-hotep zu Beginn des Neuen Reiches (Kat. 27-28) überträgt sich auf ihre Tochter Ahmes-Nefertari, die Schwester und Gemahlin des Königs Ahmose. Auch das Mutter-Sohn-Verhältnis Ah-hotep — Ahmose findet seine Wiederholung im Mutter-Sohn-Paar Ahmes-Nefertari — Amenophis I., eine Wiederholung, die sogar noch eine Intensivierung dieser engen Verbindung zwischen König und Königsmutter darstellt, da sie weit über die Lebenszeit beider Persönlichkeiten hinaus für die Nachwelt geradezu zum Idealbild der Mutter-Sohn-Beziehung wird.
Ahmes-Nefertari und Amenophis I. sind durch das ganze Neue Reich in Theben-West überaus beliebte Volksheilige, die in allen Nöten angerufen werden, denen Kapellen errichtet werden und die auch auf Hausaltären als Privatgötter fungieren. Auf der Kalksteinstele ist Ahmes-Nefertari links ihrem Gemahl Ahmose zugesellt, rechts ihrem Sohn Amenophis I. Ahmose, der Kriegsheld, trägt die Blaue Krone, Amenophis I. das traditionelle Königskopftuch.
Im unteren Bildfeld sprechen der »Diener des Amun« Hui und der »Vertreter« Semen-taui hymnische Gebete an Ahmose und Amenophis I.
Der Stil der Darstellungen datiert die Stele in die Zeit nach der prämonotheistischen Reform von Amarna, in einen Zeitraum also, in dem Ägypten sensibilisiert war für den direkten Kontakt zu Gott. Hier wird er gefunden, nicht in abstrakten Gottesbegriffen, sondern in den mütterlichen und väterlichen Gestalten einstmals historischer Königinnen und Könige.

34037

Ich bin selbst ein Gott,
der, was geschieht, bestimmt.
Nicht geht ein Ausspruch meines Mundes fehl.

Tempelinschrift Deir el-Bahari

30

Standfigur der Hatschepsut

Kairo, CG 594 = JE 11249
Granit
H. 177 cm, Br. 63 cm, T. 54 cm
Aus Karnak
Neues Reich, 18. Dynastie, um 1465 v. Chr.

Waren die Königinnen des frühen Neuen Reiches, Ah-hotep und Ahmes-Nefertari, trotz ihres bedeutenden Einflusses doch stets im Rahmen der Rollenverteilung geblieben, die ihnen im politischen Bereich erst die zweite Stelle hinter dem König, sei es ihr Gemahl oder ihr Sohn, zuwies, so überschritt eine Königin der 18. Dynastie diese Grenze: Hatschepsut.

Als Königstocher Thutmosis' I. mit ihrem Halbbruder Thutmosis II. verheiratet, hatte sie nach dessen frühem Tod die Regentschaft für den Thronfolger Thutmosis III. zu übernehmen, der, von einer Nebenfrau Thutmosis' II. geboren, bei der offiziellen Thronbesteigung noch ein Kleinkind war.

Diese Rolle der Königin, mehrfach vorgeprägt, zuletzt bei Ah-hotep (Kat. 27-28), sprengt Hatschepsut im 7.(?) Jahr ihrer Regentschaft und läßt sich zum König krönen. Ihr Name Hatschepsut »Erste unter den Frauen« gewinnt unter diesem Aspekt geradezu programmatische Züge.

Die Einmaligkeit ihres Handelns scheint der Umwelt, auch dem jungen Thutmosis III., nicht allzu außergewöhnlich vorgekommen zu sein. Ihre über zwanzigjährige Regierungszeit ist eine Blütezeit Altägyptens ohne erkennbare Spannungen. Erst Jahre nach ihrem Regierungsende, über dessen Umstände nichts bekannt ist, beginnt Thutmosis III. ihr Andenken zu verfolgen und ihre Namen und Bilder zu tilgen, ein Akt, der sich gegen die Zweizahl der Herrscher, nicht gegen das weibliche Geschlecht der Hatschepsut wendet.

Mit Übernahme der vollen Königsherrschaft hat Hatschepsut ihr Frau-Sein weitgehend abgelegt. In ihren Statuen, die sie bis zur Thronbesteigung mit weiblichen Körperformen gezeigt haben, erscheint sie nun als männlicher Herrscher, leugnet ihr Geschlecht so sehr, daß noch heute manche ihrer Statuen als Bildnisse Thutmosis' III. gelten, dem es ein leichtes gewesen sein muß, durch bloße Namensänderung Hatschepsuts Bilder auf sich umzuschreiben.

In der überlebensgroßen Granitstatue aus Karnak offenbart sich trotz des Namens Thutmosis' III. auf der Gürtelschließe Hatschepsuts Individualität dennoch eindeutig in dem zum Kinn spitz zulaufenden Gesicht und in den leicht vorgewölbten Lippen; die typische katzenhafte Eleganz und Geschmeidigkeit des Porträts läßt eine Identifizierung Hatschepsuts als ursprünglicher Auftraggeberin dieser Beterstatue aus dem Amuntempel nicht zweifelhaft erscheinen.

Lit.: Porter-Moss, Topographical Bibliography, II², 126; L. Borchardt, Statuen und Statuetten (CG), II, 148-149, Tf. 107.
Zu Hatschepsut: S. Ratié, Hatschepsut, 1974; P. H. Schulze, Herrin beider Länder Hatschepsut, 1976; W. Seipel, in: Lexikon der Ägyptologie, II, 1045-1051; R. Tefnin, La statuaire d'Hatshepsout, 1979.

Die große königliche Gemahlin Teje, sie lebe.
Der Name ihres Vaters ist Juja,
der Name ihrer Mutter ist Tuja.
Sie ist die Gemahlin des starken Königs.

Gedenkskarabäus

31

Porträtkopf der Teje

Kairo, JE 38257
Steatit
H. 7 cm, Br. 5 cm, T. 5 cm

Aus Serabit el-Khadim, Sinai
Neues Reich, 18. Dynastie, um 1355 v. Chr.

Hatschepsut hatte ihre Selbstverwirklichung als Herrscherin nur in der unmittelbaren Übernahme männlicher Herrschaftsmuster gesehen und damit ihre Selbstaufgabe als Frau hingenommen.
Die Entwicklung der weiteren 18. Dynastie bot bereits ein Jahrhundert später veränderte Bedingungen der individuellen Entfaltung. Unter Amenophis III. häufen sich die Anzeichen einer Evolution aller Lebensbereiche, die der Einzelpersönlichkeit mehr Raum gegenüber traditionellen Strukturen einräumt.
Amenophis III. selbst gibt in Religion, Kunst und Politik Beispiele unkonventionellen Handelns und geht in seiner persönlichsten Entscheidung, in der Wahl seiner »großen königlichen Gemahlin« neue Wege: Seine Gemahlin Teje stammt nicht aus dem Königshaus, sondern ist eine »Bürgerliche«, und Amenophis III. unterstreicht diese Abstammung durch die Nennung der Eltern auf den anläßlich der Hochzeit ausgegebenen Gedenkskarabäen (Text s. o.).
Im Porträtkopf der Königin Teje aus Serabit el-Khadim konzentriert sich die Eigenwilligkeit dieser außergewöhnlichen Frau, die neben und mit ihrem königlichen Gemahl, schließlich sogar über ihn hinaus den Geist ihrer Zeit, ja die weitere Entwicklung Ägyptens geprägt hat. Aus dem eigenwilligen, energischen Gesicht spricht die Willensstärke, die Entschlossenheit, mit der Teje dem traditionsschweren Ägypten neue Impulse verlieh, den Weg zur prämonotheistischen Religion ihres Sohnes Amenophis IV.-Echnaton öffnete und ein Klima geistiger Unruhe schuf, aus dem heraus die ägyptische Kunst den Mut zum realistischen Porträt fand.
Ihre Gesichtszüge mit den sehr vollen Lippen, den hohen Jochbeinen und den hoch angesetzten großen Ohren deuten auf eine nicht-ägyptische, wohl nubische Herkunft der Königin, die auch durch die unägyptischen Namen der Teje und ihrer Eltern nahegelegt wird.

Lit.: Porter-Moss, Topographical Bibliography, VII, 361-362; A. H. Gardiner - T. E. Peet - J. Černý, The inscriptions of Sinai, 1955, I, 165, Nr. 210; C. Aldred, New Kingdom art, 1961, 66-67, Abb. 83-84; ders., Echnaton, 1968, Abb. 22; D. Wildung - M. Seidel, in: Cl. Vandersleyen (Hrsg.), Ägypten, 1975, 248, Abb. 188; K. Lange - M. Hirmer, Ägypten, [4]1975, Abb. 157; J. Leclant (Hrsg.), Ägypten, II, 1980, Abb. 150.

Fürstin, groß im Palast, schön an Gesicht,
Herrin der Freude, die die Gnade besitzt,
so daß man jauchzt beim Hören ihrer Stimme.

Grenzstele Amarna

32

Bildhauerstudie eines Nofretete-Porträts

Kairo, JE 59296
Kalkstein
H. 27 cm, Br. 16,5 cm, T. 4 cm
Aus Amarna, Großer Tempel (Gem-Aton)
Neues Reich, 18. Dynastie, um 1340 v. Chr.

Lit.: J. D. S. Pendlebury, The city of Akhenaten, III, 1951, 19, Tf. LIX, 2.3.

Sie gilt als Symbolfigur Altägyptens und ist zweifellos eine der bekanntesten Frauen der Weltgeschichte: Nofretete. Diese Rolle, die ihr die moderne Geschichtsschreibung zugewiesen hat, widerspricht aber völlig Nofretetes Stellung im Geschichtsbild der alten Ägypter. Ihre Person und ihre Funktion waren so außerhalb aller Regel, daß sie aus dem Gedächtnis der Nachwelt getilgt wurde, um erst durch die Archäologen unseres Jahrhunderts wieder ans Licht gehoben zu werden.

Von unbekannter, wohl nichtköniglicher, vielleicht indirekt ausländischer Herkunft, stand sie als Gemahlin des Königs Amenophis IV.-Echnaton im Brennpunkt der religiösen, sozialen und künstlerischen Bewegungen ihrer Zeit. Bereits in den frühen Regierungsjahren des Königs tritt sie als alleinige Besitzerin von Tempeln in Karnak auf, stets begleitet sie ihren Gemahl bei öffentlichen Auftritten und Staatsakten, erscheint alleine in der programmatischen Pose des Erschlagens der Feinde.

Diesem Bild der politisch aktiven, fast autarken Königin steht die übersensible, impulsive Frauengestalt gegenüber, die sich ungescheut in der Umarmung ihres Gemahls, im innigen Kontakt mit den Königstöchtern zeigt.

Beide Aspekte der Nofretete sprechen aus dem Kalksteinrelief. Die hohe, für Nofretete typische Krone und die beiden Uräusschlangen, vom Kronenband herunterhängend, sind offizielle Herrschaftszeichen. Der lange, sehnige Hals, das herbe, hagere Gesicht, die vollen Lippen und großen Augen setzen sich zu einem Psychogramm innerer Unrast, fiebernder Unruhe, drängenden Veränderungswillens zusammen. Darin aber ist dieses Gesicht nicht nur das Bild einer konkreten Person, sondern Ausdruck einer Zeit, einer Idee. Mit einer Königskrone versehen, wäre diese Nofretete durchaus als Bild des Echnaton zu akzeptieren, denn beide, König und Königin, sind gemeinsam und hin bis zur Austauschbarkeit Personifikationen des religiösen Konzepts des Sonnenglaubens.

Das Relief beschränkt sich auf die Darstellung des Kopfes der Nofretete und ist dadurch als Bildhauerstudie definiert; aus dieser Funktion erklärt sich auch die Darstellung auf der Rückseite der Kalksteinplatte: Bevor die Porträtstudie des Königinnenkopfes gefertigt wurde, war die Platte bereits einmal für den Entwurf eines kniend betenden Mannes benutzt worden; bei der Wiederverwendung wurde diese bereits ringsum leicht beschädigte Darstellung auf den Kopf gestellt, gewissermaßen, um sie als nicht mehr gültig zu kennzeichnen.

59296

33

Unfertiger Kopf der Nofretete

Kairo, JE 44868
Quarzit
H. 36 cm, Br. 19 cm, T. 19 cm

Aus Amarna, Haus P 47.1-3
(Atelier des Thutmosis)
Neues Reich, 18. Dynastie, um 1340 v. Chr.

Dem nahezu völligen Aufgehen des Königspaares von Amarna im Dienste für den Sonnengott Aton folgte im Laufe der Regierungszeit des Königs wieder eine zunehmende Vermenschlichung, Personalisierung des Königsbildes. Nofretete ist, bevor sie im Jahr 12 des Echnaton aus den historischen Quellen verschwindet, lange Zeit nur noch in ihrem Privatpalast in Amarna-Nord zu belegen, so daß der Eindruck entsteht, sie habe sich auf sich selbst besonnen und dem völligen Aufgehen ihrer Persönlichkeit im Sonnenkult abgeschworen.
Unfertige Bildnisse aus den Bildhauerwerkstätten von Amarna zeigen sie als nachdenkliche, weise Frauengestalt, die die ekstatische religiöse Hingabe der frühen Porträts abgelegt hat, reif geworden durch die geistigen Ausschweifungen der frühen Jahre.
Unser Bild der Nofretete bleibt unvollständig wie viele ihrer Porträts, die im Atelier des Bildhauers Thutmosis vergeblich ihrer Vollendung harrten, nachdem die Königin aus dem Blickfeld verschwunden war — früh verstorben, verstoßen oder selbständig von der bewegten Bühne des Geschehens am Hof von Amarna abgetreten.
Thutmosis und seine Gesellen haben ihre Arbeit an dem Quarzitkopf unvermittelt eingestellt: Die schwarze Mittellinie war gezogen, die spätere Form der Augen in Farbe vorgezeichnet, der Lippenumriß skizziert, aber es kam nicht mehr zur Glättung der Oberfläche und Feinzeichnung von Mund und Augen. Die Krone, die auf den Kopfzapfen gesteckt werden sollte, wäre ebenso wie der Körper der Statue aus weichem Kalkstein gefertigt worden; nur Füße, Hände und Gesicht sollten aus dem warmbraunen Quarzit eingesetzt werden.

Lit.: L. Borchardt, in: Mitteilungen der Deutschen Orient-Gesellschaft 52, 1913, Bl. 5; Katalog Götter-Pharaonen, 1978/79, Nr. 36.

Tochter des Königs, seines Leibes,
die er liebt,
des Königs,
der in Wahrheit lebt.

Inschrift aus Hermopolis

34

EINGEWEIDEKRUG

Kairo, JE 39637
Kalzit, Glas
H. 53 cm, Durchmesser 24 cm
Aus Theben-West, Grab 55
im Tal der Könige
Neues Reich, 18. Dynastie, um 1334 v. Chr.

Die mit den Porträts der Königin Teje einsetzende Reihe individualisierender Bildnisse von Damen des Königshauses setzt sich über Echnatons Tod hinaus fort. Vier in einem teils geplünderten Grab im Tal der Könige gefundene Eingeweidekrüge tragen Deckel in Gestalt von Menschenköpfen, deren Züge vom Expressionismus der Amarnazeit geprägt sind. Zwar dürfte nach den Ergebnissen der Mumienuntersuchung ein junger König, wohl Tutanchamuns Vorgänger Semenchkare, in dem Grab beigesetzt gewesen sein, aber die völlige Tilgung der Inschriften auf den vier Kanopen, Änderungsspuren an der Perücke und die nachträgliche Anfügung des königlichen Uräus zeigen deutlich, daß die Kanopen (und mit ihnen ein großer Teil der Grabausstattung) zunächst für eine andere Person hergestellt wurden, für Meritaton, eine der Töchter Echnatons und Nofretetes, oder für Kija, eine Nebenfrau Echnatons.

Daß ursprünglich weibliche Köpfe als Kanopendeckel für eine männliche Bestattung verwendet werden konnten, ohne daß die Gesichter umgearbeitet werden mußten, zeigt das Überpersönliche, Anonyme, ja nicht einmal Geschlechtsspezifische vieler Darstellungen der Amarnakunst, in denen ja bisweilen auch der König seine Männlichkeit durch die Darstellung der Zweigeschlechtlichkeit ersetzte.

So ist es müßig, aus den Gesichtszügen dieses Kanopendeckels auf eine bestimmte Person zu schließen, zumal auch zwischen den vier Köpfen der Kanopendeckel aus diesem Grab deutliche Unterschiede in der Physiognomie bestehen.

Lit.: Porter-Moss, Topographical Bibliography, I[2], 566; Th. M. Davis u. a., The tomb of queen Tîyi, 1910, 24-25, Tf. VII-IX, jeweils rechts oben. Vgl. Katalog Nofretete-Echnaton, München 1976, Nr. 51.

Die Königstochter, süß an Liebe,
eine Jungfrau, dergleichen man nie gesehen hat.

Stelentext Karnak

35

Statuette einer Prinzessin

Kairo, JE 44873
Quarzit
H. 22 cm, Br. 7 cm

Aus Amarna, Haus P 47.1-3
(Atelier des Thutmosis)
Neues Reich, 18. Dynastie, um 1340 v. Chr.

Die im Dienst der Sonnenreligion Echnatons stehende Kunst der Amarnazeit war der Darstellung des Kindes besonders zugetan, da sich im Kind das Wirken des Sonnengottes auf Erden eindringlich manifestierte. Daß es vorzüglich Mädchen waren, die in der Amarnakunst dargestellt wurden, ergibt sich aus den Verhältnissen am Königshof: Echnatons Ehe mit Nofretete entstammten nur Töchter. Eine der sechs Prinzessinnen ist in der kleinen Quarzitfigur dargestellt. In der proportionalen Überbetonung des Kopfes übersteigert der Künstler ein Spezifikum der kindlichen Figur ebenso wie in der Kopfform selbst. Der nach hinten unnatürlich weit ausladende Schädel übertreibt eine typisch kindliche Kopfform. Zu dem schmächtigen Oberkörper steht die füllige Hüft- und Oberschenkelpartie in deutlichem Gegensatz; auf den Unterkörper einer reifen Frau sind Oberkörper und Kopf eines Kindes gesetzt. Beide Darstellungsebenen stehen im Dienst derselben Aussage, die im großen Sonnengesang literarisch formuliert ist:
»Der den Samen sich entwickeln läßt in den Frauen,
der Wasser zu Menschen macht;
der den Sohn am Leben erhält im Leib seiner Mutter
und ihn beruhigt, indem er die Tränen stillt.
Amme im Mutterleib,
der Luft gibt, um alles zu beleben, was er geschaffen hat.
Wenn er herabkommt aus dem Leib,
um zu atmen am Tag seiner Geburt,
dann öffnest du seinen Mund zum Sprechen
und sorgst für seinen Bedarf.«

In der vor die Brust erhobenen Rechten hielt die Prinzessin eine Frucht, wohl einen Granatapfel, der, im frühen Neuen Reich aus Asien nach Ägypten eingeführt, als Liebes- und Fruchtbarkeitssymbol galt und ein beliebtes Motiv im Kunstgewerbe war (vgl. Kat. 61).

Lit.: C. Aldred, Akhenaten and Nefertiti, 1973, 121, Abb. 51.

Küsse ich sie
und ihre Lippen sind offen,
so frohlocke ich.

Ostrakon Kairo

36

Gruppenstatue des Echnaton und einer Königin

Kairo, JE 44866
Kalkstein
H. 40 cm, Br. 16 cm, T. 21 cm

Aus Amarna, Haus P 47.1-3
(Atelier des Thutmosis)
Neues Reich, 18. Dynastie, um 1340 v. Chr.

Die Gruppenstatue wird seit ihrer Entdeckung im Bildhaueratelier des Thutmosis in Amarna im Jahr 1912 als eine Darstellung Echnatons bezeichnet, der eine seiner Töchter auf dem Schoß hält und küßt.
Drei Beobachtungen widerlegen diese Interpretation: das Größenverhältnis der Figuren, ihre Haltung sowie Tracht und Perücke der Frauenfigur.
Die Prinzessinnen vom Hofe Echnatons und der Nofretete sind als Kinder dargestellt und daher erheblich kleiner als ihre Eltern. Für eine Kinderdarstellung ist die Figur auf Echnatons Schoß zu groß.
Die Amarnaprinzessinnen sind im Kreis ihrer Eltern in lebhafter Bewegung abgebildet. Die Haltung der Figuren der Gruppenstatue ist streng nach dem Achsensystem ausgerichtet, baut sich aus rechtwinklig sich schneidenden Bildebenen und -flächen auf. Wie streng gerade bei dieser Gruppe auf die Einhaltung der Bildachsen geachtet wurde, ist an den Hilfslinien zu erkennen, die der Bildhauer auf die noch nicht ganz fertiggestellte Figur aufzeichnete.
Die Statue folgt einem wohlbekannten alten Bildschema: Eine Göttin hält den König auf ihrem Schoß. Demnach ist hier nicht eine innige Familienszene abgebildet, sondern ein dogmatisch festgelegter Bildtypus.
Tracht und Perücke der Figur auf Echnatons Schoß wären für Prinzessinnen ungewöhnlich, die meist unbekleidet und mit der Seitenlocke abgebildet werden. Die kugelige Perücke mit spitz zur Schulter auslaufendem unteren Abschluß (»nubische Perücke«) und das knöchellange Gewand sind eindeutige Indizien für eine Königin.
Die Gruppenstatue ist ein Bild der Heiligen Hochzeit zwischen Echnaton und der Königin in Abwandlung des »hieros gamos« zwischen Amun und Königin, wie er im Bildzyklus der göttlichen Geburt Pharaos dargestellt ist. Das Fehlen des Uräus und die Perückenform legen eine Identifizierung der Königin als Echnatons Nebenfrau Kija zwingend nahe.

Lit.: H. Schäfer, Amarna in Religion und Kunst, 1931, Tf. 49; C. Aldred, New Kingdom art, 1961, 77, Abb. 118; ders., Akhenaten and Nefertiti, 1973, 165, Abb. 54; J. Leclant (Hrsg.), Ägypten, II, 1980, Abb. 161. Zur Deutung der Frauenfigur als Königin vgl. Louvre E. 11624 (C. Aldred, Akhenaten and Nefertiti, 1973, Nr. 56); zur Perückenform: R. Hanke, Amarna-Reliefs aus Hermopolis, 1978, 175-187.

Die Königstochter,
die Größte der Harimsfrauen des Amun,
die Tochter des Amun, Sat-Amun.

Stele Kairo

37

Sessel der Prinzessin Sat-Amun

Kairo, CG 51113
Holz, Bronze, Gold, Silber
Aus Theben-West, Grab 46
im Tal der Könige
Neues Reich, 18. Dynastie, um 1375 v. Chr.

Lit.: Porter-Moss, Topographical Bibliography, I[2], 563; J.-E. Quibell, The tomb of Yuaa and Thuiu (CG), 53-54, Tf. XXXVIII-XLIII; Katalog Ramsès le Grand, Paris 1976, 60-67. Zu Sat-Amun: Chr. Meyer, in: Lexikon der Ägyptologie, V, 485-487.

Als ältester Tochter Amenophis' III. und der Königin Teje kam der Prinzessin Sat-Amun grundsätzlich größte dynastische Bedeutung zu; im Falle des Fehlens eines männlichen Thronfolgers aus der Hauptehe des Königs wäre sie es gewesen, die durch Heirat die Legitimität an einen anderen Prinzen weitergegeben hätte.
Angesichts ihrer zentralen dynastischen Rolle erhielt Sat-Amun schon als Kind prunkvollste persönliche Ausstattung. Ihr vergoldeter Sessel zählt aufgrund seiner Größe noch zu den Kindermöbeln, und daher wurde er auch, als Sat-Amun ihm entwachsen war, ihren Großeltern mütterlicherseits, Tejes Eltern Juja und Tuja, mit ins Grab gegeben, wohl als ewige Erinnerung an die Enkelin.
Schon der Prinzessin wurde, wie das mit Blattgold überzogene Reliefbild der Rückenlehne und seine Inschriften zeigen, Gold aus den südlichen Fremdländern gebracht. Jeweils vier Frauen schreiten auf den Innenseiten der Armlehnen auf Sat-Amun zu; ihre gemusterten Röcke weisen sie als Asiatinnen aus, wohl Haremsdamen vom Königshof, wie ihr Kopfputz zeigt. Sie tragen in Ringe gegossenes Rohgold, das zu Halskragen verarbeitet der Königstochter überreicht wird.
In Sat-Amuns Ornat verdient das Diadem besondere Beachtung; es trägt über der Stirn einen Gazellenkopf, wie er sich im Neuen Reich bisweilen bei Damen des Königshauses anstelle des Uräus findet.
Auf den Außenseiten der Armlehnen sind tanzende Besfiguren zu sehen, die mit ihren Messern und mit dem Lärm ihrer Tamburine das Kind schützen, ebenso wie Thoëris mit aufgerissenem Maul, die an der rechten Armlehne zwischen zwei Besfiguren steht. Der Tanz der Besfiguren ist von ekstatischer Bewegtheit und in der Freiheit seiner künstlerischen Gestaltung ein typisches Beispiel für die Befreiung des Stils zur Zeit Amenophis' III. Streng wirken im Gegensatz dazu die beiden Frauenköpfe, rein menschengestaltige Erscheinungsformen der Himmelsgöttin, deren Tiergestalt nur noch in den Stuhlbeinen erhalten geblieben ist; sie laufen in Raubtiertatzen aus. Die Tiergestalt des Thrones mit Löwenköpfen, sonst häufig abgebildet, ist für die junge Prinzessin in das liebliche Erscheinungsbild der Göttin Hathor umgesetzt worden.
In der Leichtigkeit seiner Form und der Kostbarkeit seiner vergoldeten Reliefs kündigt dieser Prinzessinnenthron die hohe Kunst des Tutanchamun-Thrones an.

Die Schöngesichtige,
schön in ihrer Doppelfederkrone,
die Herrin aller Länder.

Auf der Rückenplatte der Statue

38

Gruppenstatue einer Königin mit Prinz

Kairo, CG 42154 = JE 37337
Schiefer
H. 27 cm, Br. 18 cm, T. 7 cm

Aus Karnak, Statuen-Cachette
Neues Reich, 19. Dynastie, um 1250 v. Chr.

Die Verwendung vertraulich-familiärer Gesten in der offiziellen Kunst, wie sie für die Zeit Echnatons und Nofretetes charakteristisch ist, bleibt — wie manches andere Erbe der Amarna-Zeit — unter den Ramessiden erhalten.
Die kleine Gruppenstatue zeigt einen noch fast kindlichen Prinzen, der seiner Mutter liebevoll die Hand an die Hüfte legt. Er trägt die typische Kinderfrisur, einen mächtigen Zopf an der rechten Schläfe, während der Kopf sonst kahl geschoren ist. Große Scheibenohrringe und ein dreireihiger Halskragen sind ebenso Rangabzeichen wie der Straußenfederwedel, den er auf langem Papyrusstab schräg vor sich hält. »Der Graf und Fürst, der Größte der Großen . . . im Palast wegen der Größe seiner Vorzüglichkeit . . . der Wedelträger zur Rechten des Königs, der leibliche Königssohn . . .« heißt er in den Statueninschriften.
Seine Mutter, jugendlich schlank, in ein plissiertes Gewand mit weiten Ärmeln gekleidet, über den Schultern einen vierreihigen Schmuckkragen, trägt eine fein gelockte Perücke und hält in ihrer Linken einen weich geschwungenen Wedel, ein Rangabzeichen der Königinnen des Neuen Reiches. Der Kopf der Königinnenfigur war nach einer Beschädigung ganz abgearbeitet und durch einen gesondert gefertigten Kopf ersetzt worden, zu dessen Befestigung ein tiefer Einschnitt am Hals aus der Statue geschnitten wurde. Vom ursprünglichen Kopf sind nur die Scheibenohrringe erhalten geblieben.
»Die Schöngesichtige, schön in ihrer Doppelfederkrone«, diese Formulierung läßt Kopf und Krone vor dem geistigen Auge erstehen, ein Bild, das unmittelbar an die überschlanken Figuren der Nefertari in ihrem Grab und im kleinen Tempel von Abu Simbel denken läßt. Kaum ein Zweifel, daß sie, die »ihren Vater Amun zufriedenstellt, die große geliebte königliche Gemahlin, die Herrin aller Länder«, keine andere ist als diese Lieblingsfrau Ramses' II., begleitet von einem der zahlreichen Söhne, die sie ihrem königlichen Gemahl schenkte und die so oft in Kolossalstatuen und Tempelreliefs mit ihren Eltern abgebildet werden.
Königin und Prinz als Garanten dynastischer Stabilität und zugleich ein fast intimes Bild — wer dächte da nicht an die Selbstdarstellung moderner Herrscherhäuser.

Lit.: Porter-Moss, Topographical Bibliography, II[2], 146; G. Legrain, Statues et statuettes (CG), II, 20-21, Tf. XVII; Katalog Ramsès le Grand, Paris 1976, 75-78, Nr. XV.

Die Stellung der Frau im Alltagsleben des alten Ägypten bietet sich dem modernen Betrachter auf sehr widersprüchliche Weise dar, je nach Art der Quellen, die diesem Bild zugrunde gelegt werden. In literarischen Texten, die aus dem Milieu der Schreiber, der Beamten stammen, gilt manuelle Arbeit allgemein als minderwertig, und damit wird auch die Tätigkeit der Frau im häuslichen Bereich disqualifiziert.
»Der Ackersmann, seine Rechnung dauert bis in Ewigkeit . . . Er ist müder, als man sagen kann . . . und kommt er abends nach Hause, so hat ihn das Gehen zerschnitten.
Dem Weber in der Werkstatt, dem geht es schlechter als dem Weibe. Seine Schenkel liegen am Magen und er atmet keine Luft. Er gibt dem Türhüter Brot, damit er ihn ans Licht kommen lasse.
Dem Schuhmacher, dem geht es ganz schlecht; er bettelt ewig . . . Was er beißt, ist Leder.
Der Wäscher wäscht auf dem Uferdamm, dem Krododil benachbart.
Ich sage dir ferner, wie es um den Fischer steht; es geht ihm schlechter als jedem anderen Beruf.
Siehe, es gibt keinen Beruf, der ohne einen Leiter wäre, ausgenommen den Schreiber; der ist der Leiter.«
Diese Worte aus der »Satire der Berufe«, einer Propagandaschrift für den Beamtenstand, stehen in krassem Gegensatz zu den unmittelbaren Quellen ägyptischer Alltagswirklichkeit, den Grabreliefs, Grabinschriften und Grabstatuen. Es mag zwar paradox erscheinen, daß Bilder und Texte aus Gräbern realitätsnähere Zeugen antiken Alltags sind als Texte aus dem Bereich der Lebenden, aber dieser scheinbare Widerspruch löst sich auf durch die Funktion der Grabdekoration als für die Ewigkeit konservierter Lebenswirklichkeit.
Viele der in der »Satire der Berufe« angesprochenen und verächtlich gemachten Tätigkeiten begegnen uns in den Grabbildern wieder. Da sind die Schuhmacher, die als hochspezialisierte Handwerker sogar bei Hofe geachtet waren. Die Weberinnen, in der Schulliteratur als sozial tiefstehend charakterisiert, erscheinen recht häufig in Grabbildern in ausführlichen Szenenfolgen der Belohnung mit goldenen Halsketten; das ist mehr als reguläre Bezahlung, das hat durchaus den Charakter einer außerordentlichen Anerkennung für besonders qualitätvolle Arbeit, wie sie ja auch in den bunten, kostbar gemusterten Gewändern der Damen des Alten und Mittleren Reiches oder in den feinen Teppichen vorkommt, die als Wanddekoration der Gräber und Särge erhalten geblieben sind.
Zur Bewertung der Hausarbeit liefert die Lehre des Ani aus der Zeit um 900—800 v. Chr. eine vom Dünkel der Schreiberbeamten des Mittleren und Neuen Reiches freie Äußerung: »Kontrolliere die Frau nicht in

ihrem Hause, wenn du weißt, daß sie tüchtig ist. Sage nicht zu ihr: ›Wo ist es? Bringe es uns!‹, wenn sie es an die richtige Stelle getan hat. Dein Auge blicke hin und schweige, damit du ihre guten Werke erkennest. Sie ist froh, wenn deine Hand mit ihr ist.« Hier wird der Blick auf das unauffällige Wirken der Hausfrau gelenkt und die gedankenlose Kritisiererei des Mannes angeprangert.

All die zahlreichen Statuen von arbeitenden Frauen als Dienerfiguren anzusehen, ist sicherlich nicht richtig, denn nur in wohlhabenden Haushaltungen werden für die Alltagsarbeit Dienerinnen und Diener zur Verfügung gestanden haben. In der einfacheren Familie war es die Ehefrau selbst, die für die Vorbereitung und Zubereitung der täglichen Nahrung zuständig war, für Mahlen, Backen, Brauen und Kochen. Die Dienerinnen begegnen vor allem im Haushalt der hohen Beamten; bei Gastmählern werden die Gäste von nackten Mädchen bedient, und die Opfergaben für den Grabherrn werden von Dienerinnen und Dienern herbeigetragen, die jedoch häufig nicht als reale Personen zu verstehen sind, sondern als Personifikationen der Erträge des Landes, aufgegliedert in die männliche und weibliche Fruchtbarkeit.

Angesichts ihrer häuslichen Verpflichtungen verbleibt der Frau wenig Spielraum für berufliche Tätigkeit außerhalb der Familie, so daß man davon ausgehen darf, daß hauptberuflich außer Haus tätige Frauen entweder noch sehr jungen Alters waren, aus sozial hochstehenden Familien mit entsprechender Dienerschaft stammten oder aber Tätigkeiten nachgingen, die sich mit einer bürgerlichen Ehe ohnedies schlecht in Einklang bringen ließen.

Da das ägyptische Dorf und die ägyptische Großfamilie weitgehend autarke wirtschaftliche Einheiten bilden, die sich mit allem Lebensnotwendigen selbst versorgen und nur in ganz beschränktem Umfang auf Waren von außen und damit auf Handel angewiesen sind — einer der Gründe für das völlige Fehlen der Geldwirtschaft im pharaonischen Ägypten —, begegnen wir der Frau bei den unterschiedlichsten Tätigkeiten in der Landwirtschaft, im Handwerk, im Haushalt. Die schweren Arbeiten auf dem Feld, am Bau, in der Gießerei sind den Männern vorbehalten, während die Frau im Gehöft oder Haus beim Dreschen, Worfeln, Mahlen, Backen, Kochen und Bierbrauen tätig wird. Mode und Schmuck sind ihre Domäne, Kosmetik und Haarpflege, und in diesen Bereichen bildet sich auch ein Spezialistentum heraus, das manche Frau als königliche Friseuse an den Hof führt.

In der Vielseitigkeit ihrer Fähigkeiten, in der Vielzahl ihrer Verpflichtungen steht die Frau im alten Ägypten mitten im Leben, versteht sich aber auch als Mitte des sie umgebenden Lebensraumes, aus dem auszubrechen ihr kein Anlaß gegeben ist.

Lit.: A. M. Blackman, in: The Journal of Egyptian Archaeology 7, 1921, 8-30; H. Junker, Gîza V, 1941, 40-61; J. H. Breasted jr., Egyptian servant statues, Washington 1948; H. Winlock, Models of daily life in Ancient Egypt, Cambridge/Mass. 1955; J. Vandier, Manuel d'archéologie égyptienne, IV-V, Bas-reliefs et peintures - Scènes de la vie quotidienne, Paris 1964-1969; E. Brunner-Traut, Die Alten Ägypter, 1974, 202-214.

Eine gute Rede ist versteckter als der grüne Edelstein,
und doch findet man sie bei den Müllerinnen über den Mahlsteinen.

Lehre des Ptah-hotep

39

Statue einer kornmahlenden Frau

Kairo, JE 87818
Kalkstein
H. 27 cm, Br. 14 cm, T. 43 cm

Aus Gisa, Mastaba des Anchtef
beim Chefren-Aufweg
Altes Reich, 6. Dynastie, um 2250 v. Chr.

Die Zubereitung der täglichen Nahrung gehört zu den vorrangigen Tätigkeiten der Frau. Wenn die Statuen kornmahlender Frauen meist als »Dienerfiguren« oder als »Müllerinnen« bezeichnet werden, so trifft beides sicherlich nur selten den Sachverhalt, da in der einfacheren Familie die Hausfrau selbst diese Arbeit verrichtete und zum anderen nur am Königshof spezialisierte Berufsgruppen ausschließlich einer einzigen Tätigkeit nachgingen.

Das kleine Säckchen mit Korn, das vor den Knien der Frau liegt, deutet darauf hin, daß nur kleinere Mengen Mehl für den alltäglichen Bedarf hergestellt wurden.

Neben der Statue der kornmahlenden Frau fand sich im Grab des »Aufsehers der Ka-Priester und der Kleiderkammern«, eines mittleren Beamten, nur noch die Figur des Grabherren selbst. So liegt es nahe, in der »Müllerin« seine Frau zu sehen, die bei der täglichen Arbeit in der Küche dargestellt ist.

Nur so erklärt sich der Widerspruch zwischen dem einfachen Schurz, der den Oberkörper frei läßt, und der sorgfältig gepflegten Perücke, also zwischen Arbeits- und Sonntagskleidung, sowie zwischen mühsamer, kniender Arbeitshaltung über dem Reibstein und ruhig ausgewogenem Gesicht, zwischen reinster Diesseitigkeit und verklärter Jenseitigkeit.

Sorge um das leibliche Wohl und menschliche Nähe zum Grabherrn sind die beiden Aspekte, die der Frau ihren Platz im diesseitigen und jenseitigen Leben zuweisen. Die schwere körperliche Arbeit entwürdigt die Frau nicht und läßt ihre Rolle als Gefährtin des Mannes unangetastet.

Lit.: Porter-Moss, Topographical Bibliography, III^2, 275; S. Hassan, Giza, V, 233, Tf. XXV; K. Lange - M. Hirmer, Ägypten, ^{4}1975, Abb. 63. Vgl. W. Helck, Das Bier im Alten Ägypten, 1971, 27-28.

Plage nicht die Frau in ihrem Hause,
wenn du weißt, daß sie tüchtig ist.

Lehre des Ani

40

Statue einer Bierbrauerin

Kairo, JE 66624
Kalkstein, bemalt
H. 27 cm, Br. 10 cm, T. 17 cm

Aus Gisa, Grab des Mer-su-anch
beim Chefren-Aufweg
Altes Reich, späte 5. Dynastie,
um 2350 v. Chr.

Neben sieben Statuen des Grabinhabers, zweien seiner Töchter und einer seiner Frau, alle in offizieller Pose als Stand- und Sitzfiguren, gehört zum Statuenrepertoire des Mer-su-anch, eines Güterverwalters des königlichen Kammerherrn Ra-wer, nur diese eine »Dienerfigur« einer Bierbrauerin. Wie bei der kornmahlenden Frau (Kat. 39) fällt die Perücke auf, die über dem deutlich sichtbaren natürlichen Haar getragen wird — dazu kommt hier noch ein Halsschmuck —, wie dort ist auch hier der Blick nicht auf die Arbeit gerichtet, sondern geht selbstbewußt und heiter nach vorn.

Die Frau des Grabherrn bei alltäglicher Arbeit, so wie sie ihr Mann antraf, wenn er von seinen Geschäften als »Aufseher aller Besitzungen des Ra-wer innerhalb und außerhalb seiner Domäne« nach Hause zurückkehrte; eine Tätigkeit, die so notwendig — lebensnotwendig! — und wertvoll war wie der offizielle Rang des Mannes. Bei ihrer Darstellung für die Ewigkeit wurde nichts beschönigt, der Künstler verzichtete sogar zugunsten einer realistischen Wiedergabe auf die helle Hautfarbe der Frau.

Lit.: Porter-Moss, Topographical Bibliography, III², 270; S. Hassan, Giza, I, 115, Tf. LXXI; K. Lange - M. Hirmer, Ägypten, ⁴1975, Tf. VII; J. Leclant (Hrsg.), Ägypten, I, 1979, Abb. 198. Vgl. W. Helck, Das Bier im Alten Ägypten, 1971.

Die Stimme der Wildgans schreit,
die von ihrem Köder gepackt ist.
Deine Liebe, die mich zurückhält,
kann ich nicht lösen.

Papyrus Harris 500

41/42

Statuen zweier Opferträgerinnen

Kairo, JE 36291, 36290
Holz, stuckiert und bemalt
H. 57 cm/57,5 cm

Aus Assiut, Grab des Nachti
Erste Zwischenzeit, 10. Dynastie,
um 2100 v. Chr.

Lit.: Porter-Moss, Topographical Bibliography, IV, 266; E. Chassinat - Ch. Palanque, Une campagne de fouilles dans la nécropole d'Assiout, 1911, 33-34, Tf. IV.IX-X; J.-P. Corteggiani, Centenaire de l'Institut Français d'Archéologie Orientale, Musée du Caire, 1981, 12-13. Zur erotischen Bedeutung der Gans: Ph. Derchain, in: Studien zur altägyptischen Kultur 2, 1975, 63.

Manches deutet darauf hin, daß diese beiden munteren Damen nicht einfache Dienerinnen aus dem Gesinde des Siegelbewahrers Nachti waren. Ihre Kleider, von nur einem Träger über der linken Schulter gehalten, lassen die Brüste frei; über dem einen Rock liegt ein buntes Netz aus Fayence-Perlen, an der linken Hüfte am Gürtel befestigt, der andere Rock trägt ein großzügiges Federmuster. Zu den Arm- und Fußreifen kommen bei der einen Frau zwei lange bunte Ketten, die sie über die Schultern gelegt hat. Die Kugelperücken mit weißem Diadem laufen auf dem Rücken in Zöpfe aus. Ihr weit ausholender Schritt charakterisiert die beiden als noch jung.
Läßt zwar der Opferkasten auf dem Kopf, in seltsam steifer Geste von der linken Hand gestützt, an Opferträgerinnen denken, so deuten doch die in der Rechten gehaltenen Enten zusammen mit der Kleidung und Haartracht auf die Funktion der Konkubinen, die zusätzlich zu Speise und Trank sich selbst dem Toten darbringen. Enten und Gänse sind in der Liebeslyrik gern gebrauchte Symbole.

Gesponnen hat dich Isis,
gesponnen hat dich Nephthys,
sie haben gemacht das
Leinenzeug des Rê.

Tempelinschrift Abydos

43

Grabrelief des Nefer-seschem-Psametich

Kairo, JE 10978
Kalkstein
H. 30 cm, Br. 134 cm, T. 23 cm
Aus Mitrahina (Memphis), Kom el-Fakhry
Spätzeit, 30. Dynastie, um 360 v. Chr.

Spinnen und Weben gehörten zu den höchst spezialisierten Frauenberufen, deren Ansehen — entgegen abfälligen Äußerungen in den Schulschriften — so hoch war, daß sogar die Göttinnen Isis und Nephthys als Spinnerinnen und Weberinnen auftreten, die die Götterkleider herstellen.
Im irdischen Bereich zeigt sich die Wertschätzung der Arbeit aus den Spinn- und Webstuben in besonderen Belohnungen, die den Handwerkerinnen direkt aus den Schatzkammern der vornehmen Häuser und des Königshofes verliehen werden. Im Alten Reich in mehreren Gräbern in erzählfreudigen Bildserien abgebildet, wird die Belohnung der Weberinnen in der Spätzeit in dem auch stilistisch archaisierenden Relief noch einmal aufgegriffen, das — ursprünglich als Türsturz eines Grabes dienend — in Memphis sekundär wiederverbaut wurde. Die

weite Schrittstellung der fünf Frauen in der rechten Bildhälfte schließt aus, daß es sich um Familienangehörige des sozial hochgestellten Grabinhabers handelt, des links sitzenden »Schreibers des Gottesbuches«, Nefer-seschem-Psametich. Der wohlgeordnete Bereich seines Hauses endet hinter dem am Boden hockenden Schreiber mit der nach rechts gewendeten Figur eines Bediensteten, der — gewissermaßen am Hauseingang stehend — den von außen herantretenden Frauen Schmuckkragen überreicht. »Das Übergeben von Gold« steht dreimal über den Frauen, die in lebhaften Bewegungen ihrer Freude Ausdruck verleihen. Der »Schreiber des Goldes« notiert die Kostbarkeiten, die dem vor dem Grabherrn offenliegenden Schatzhaus entnommen wurden.

Lit.: Porter-Moss, Topographical Bibliography, III^2, 852; Le Musée Egyptien, II, 1912, 79-80; Tf. XXXV.XXXVI; Katalog 5000 Jahre Ägyptische Kunst, Zürich 1960, 78, Abb. 70, Nr. 215; E. Terrace - H. Fischer, Treasures of the Cairo Museum, 1970, 173-176, Nr. 40. Zur Deutung der Szene: H. Junker, Gîza V, 1941, 40-61.

Die Hälfte meines Scheitels ist geflochten.
Ich kam eilends . . .
und vernachlässigte meine Frisur.

Papyrus Harris 500

44

Statuette eines Mädchens

Kairo, CG 800 = JE 4959
Holz
H. 15 cm

Herkunft unbekannt
Neues Reich, 18. Dynastie, um 1370 v. Chr.

Lit.: L. Borchardt, Statuen und Statuetten (CG), III, 99, Blatt 147; J. Vandier, Manuel d'archéologie égyptienne, III, 1958, Tf. CLXX. 6.

In den Grabbildern des Neuen Reiches treten bei den Gastmahlszenen jugendliche, häufig fast noch kindliche Dienerinnen auf, die den Gästen Speisen und Getränke, Schmuck und Blumen reichen.

Ob die kleine Holzfigur eines Mädchens der Gruppe der jungen Dienerinnen im vornehmen Haus zuzuschreiben ist, läßt sich rein vom Motivlichen her nicht entscheiden. Die Jugendlocke an der rechten Schläfe ist eine übliche Kinderfrisur; die Nacktheit findet sich allgemein als Darstellungstyp des Kindes. Für das noch kindliche Alter des Mädchens spricht der proportional sehr große Kopf.

Die Inschrift auf der Basis scheint jedoch eine Dienerinnenfigur auszuschließen: Diener sind namenlos, sind reine Funktionsträger, haben keine eigene Persönlichkeit. Auf die Statuettenbasis ist jedoch eine Opferformel an Osiris geschrieben worden, die mit der Formulierung endet: »Für den Ka der (des?) Verstorbenen Wadji . . .«

Das Holzfigürchen dürfte also wohl eine Grabstatuette für ein Kinderbegräbnis sein, für ein in jungen Jahren verstorbenes Mädchen. Oder wurde die Statuette einem Verstorbenen namens Wadji- . . . mit ins Grab gegeben, dem das Mädchen auch im Jenseits dienen sollte? Eine endgültige Entscheidung ist nicht möglich.

Musik und Tanz

In Musik und Tanz tritt der Mensch aus seinem Alltagsleben heraus und ruht — bis hin zur Ekstase — an Erlebnisbereiche, die ihn in die Nähe des Göttlichen bringen. So nehmen Musiker und Tänzer im Götterkult und Totenkult einen wichtigen Platz ein, ja, der König als oberster Priester ist es sogar ursprünglich selbst, der den kultischen Tanz vollzieht. Beim Bestattungsritual traten die Muu-Tänzer auf, ursprünglich wohl Fährleute, die den Toten ins Jenseits übersetzen. Ihr Tanz ist ein Willkommenstanz für den Toten, ein Begrüßungsritual, und diese Bedeutung der freudig stimmenden Begrüßung haben wohl auch die Tänze vor Göttern. Ganz offensichtlich ist dies beim Tanz anläßlich der Geburt des Götterkindes in den Geburtshäusern der ptolemäischen Tempel, wie er in lebendigen Bildern auf den Säulen des Tempelhofs abgebildet ist, ebenso klar auch bei der Begrüßung der Prozessionsbarke des Amun-Rê im Tempel von Luksor anläßlich des Opet-Festes, wo eine Gruppe akrobatischer Tänzerinnen auftritt.

Musik und Tanz schaffen ein Ambiente, das den Alltag ausklammert, einen Erregungszustand, der empfänglich macht für göttliche Botschaft, der einen Blick gewährt in Randgebiete menschlicher Erfahrung, der den Menschen »außer sich« geraten läßt.

So versteht es sich fast von selbst, daß eine enge Verbindung zum Reich der Frau besteht, die auf ihre Weise den Alltag zu überhöhen versteht, die als Priesterin den Kontakt zwischen Mensch und Gott schafft. Musikausübung und Tanz werden im Harim gelehrt; Sängerinnen, Musikerinnen und Tänzerinnen unterstehen der Verwaltung des Harims. Bes, der Schlafzimmergott, der gute Geist im Bereich der Frau, ist auch Schutzgott der Musik und des Tanzes, selbst oft mit Tamburin und in bacchantischem Tanztaumel abgebildet. Hathor, die Muttergöttin, die majestätische Herrin des Himmels, nimmt in ihren Tempelfesten, wie sie für die Ptolemäerzeit in Dendera belegt sind, ekstatische Züge an. Als »Herrin der Trunkenheit« wird sie vom lärmenden Rasseln der Sistren begrüßt, die als Rhythmusinstrumente das Gesicht der Hathor tragen und mit ihrem Klang an das Rascheln der Papyrusstengel der Delta-Sümpfe erinnern sollen, in denen Hathor beheimatet ist. Auch Kastagnetten tragen oft den Hathorkopf, sind aber in ihrer Grundform der menschlichen Hand nachgebildet, dem einfachsten und häufigsten Taktgeber der ägyptischen Musik.

Die Palette der Instrumente ist bunt: Flöten, Klarinetten, Trompeten, verschiedene Harfenformen, Lauten, Leiern sind nicht nur in Darstellungen überliefert, sondern oft auch als wirkliche Instrumente, die teilweise noch gespielt werden können. Daneben spielte der Gesang eine bedeutende Rolle, dem sich vor allem die Tempelsängerinnen des Amun widmeten.
Die Ekstase der Musik und des Tanzes überträgt sich in der Bildersprache der alten Ägypter auf die Ekstase der Liebe; in hellenistischer Zeit begleitet das Harfenspiel oft die Darstellung erotischer und obszöner Szenen, und es liegt nahe, die Bilder des Harfenspiels aus früheren Epochen als dezente, aber dem Kundigen eindeutige Beschreibungen sexueller Themen zu verstehen.
So wird die Musik am Grabe sogar zu einem Ritus, der die Fortpflanzung der Generationen beschwört, der im Augenblick des Todes die Zeugung neuen Lebens anregt und die Vergänglichkeit überwindet.
Das Lied der sieben Hathoren aus dem Dendera-Tempel faßt die Bedeutung von Tanz und Musik in folgenden Worten, die zu Ehren Hathors gesungen werden, zusammen:

Wir musizieren für dich,
wir tanzen für deine Majestät.
Wir preisen dich
bis an die Höhe des Himmels

Du bist die Gebieterin des Jubels,
die Herrin des Tanzes,
die Gebieterin der Musik,
die Herrin des Harfenspiels,
die Gebieterin des Reigens,
die Herrin des Kranzbindens,
die Gebieterin der Myrrhen,
die Herrin des Springens.

Wir jubeln vor dir,
wir musizieren für dich.
Dein Herz jauchzt über unser Tun.

Lit.: E. Brunner-Traut, Der Tanz im Alten Ägypten, Glückstadt 1938; H. Wild, Les danses sacrées de l'Egypte ancienne, in: Sources Orientales 6, Paris 1963; L. Green, in: Festschrift R. J. Williams, 1983, 29-38; H. Hickmann, Musikgeschichte in Bildern II/1: Ägypten, Leipzig 1961; Chr. Ziegler, Catalogue des instruments de musique égyptiennes, Musée du Louvre, Paris 1979.

Du bist die Gebieterin der Szepter,
der Halskette und des Sistrums,
die Gebieterin der Musik,
für die man spielt.

Tempelinschrift Dendera

45

Sistrum

Kairo, CG 69316 = JE 53327
Bronze
H. 31 cm, Br. 13 cm, T. 4 cm
Herkunft unbekannt
Griechisch-römische Zeit

Lit.: H. Hickmann, Instruments de musique (CG), 80-81, Tf. XLV.XLVI; vgl. Lexikon der Ägyptologie, V, 959 ff.

Die Einbindung der Musik in kultische und mythische Bereiche wird an der Form und Dekoration der Musikinstrumente deutlich. Als Rhythmusinstrument wurde das Sistrum im Kult weiblicher Gottheiten, vor allem der Hathor und der Isis verwendet, um mit dem Wandel der Isis zur spätägyptischen Universalgottheit auch mit vielen anderen Göttergestalten in Berührung zu kommen.

Das Bronzesistrum gehört zur Gruppe der Bügelsistren, durch deren oberen Bügel frei bewegliche, am Ende umgebogene Bronzestäbe gesteckt sind, die beim Schütteln des Sistrums ein klapperndes Geräusch erzeugen.

Nicht weniger als sieben verschiedene Göttergestalten sind an dem Sistrum vereinigt: oben auf dem Bügel eine Katze mit vier Jungen, auf die Göttin Bastet (vgl. Kat. 86) anspielend, dazu ein Hahn; unter dem Bügel beiderseits ein Silenkopf, darunter Uräusschlangen mit ober- und unterägyptischer Krone, ein zweiseitiges Hathorgesicht mit Kuhohren (vgl. Kat. 78) flankierend. Dieser ganze obere Sistrumteil ist auf einen Griff aufgesetzt, der von einer Figur des Gottes Bes mit Federkrone (vgl. Kat. 17) gebildet wird. Den unteren Abschluß bilden zwei weibliche Sphingen.

Ein kleines Pantheon findet sich an diesem Sistrum zusammen, um seine göttlichen Kräfte im Klang des Kultinstruments wirksam werden zu lassen.

Dich rühmt der Musikant
mit seiner Trommel,
und die mit Tamburinen
mit ihren Fingern.

Tempelinschrift Dendera

46

Grabrelief

Kairo, JE 4872
Kalkstein
H. 51 cm, Br. 105 cm, T. 18 cm

Aus Sakkâra
Neues Reich, 19. bis 20. Dynastie,
1200-1100 v. Chr.

Tanz und Musik sind von altägyptischen Festen nicht wegzudenken. Das Kalksteinrelief aus einem unbekannten Grab in Sakkâra zeigt uns den Ausschnitt aus einer Festdarstellung, der wohl die Ordensverleihung an einen hohen Würdenträger zum Gegenstand hat. Drei Gruppen von Männern, durch unterschiedliche Tracht in ihrer beruflichen und sozialen Stellung differenziert, kommen mit erhobenen Armen, einem Jubelgestus (die linken Arme der Mittelgruppe fehlen!), von rechts in eiligem Lauf auf eine Gruppe von Frauen und Mädchen zu, die als Musikantinnen und Tänzerinnen agieren.

Sie sind der geordneten Festprozession in bewußter Bewegung gegenübergestellt. Frauen mit langen Perücken und durchsichtigen Gewändern, in zwei Reihen hintereinander angeordnet, schlagen im Tanzschritt das kreisrunde Tamburin; zwei nackte Mädchen mit helmähnlichen Perücken, von denen lange dünne Zöpfchen hängen, führen einen Tanz auf, den sie mit Kastagnetten in ihren Händen rhythmisch begleiten.

In ihrer einheitlichen Kleidung und Haartracht und der Geschlossenheit ihrer lebendigen, aber durchorganisierten Bewegung erwecken die Tänzerinnen den Eindruck einer professionellen Gruppe; sie sind Spezialistinnen, die bei verschiedenen Anlässen auftreten.

Unterschiedlich ist die Intensität der Darstellung von Bewegung und Erregung in den beiden Bildhälften: Trotz ihres eilenden Laufes wirkt die Gruppe der Männer streng, reserviert; die Gruppe der Frauen dagegen gibt dem Gefühlsausdruck freien Lauf. Die Unterschiede in der Mentalität und im anerzogenen Verhalten der Geschlechter sind hier deutlich charakterisiert.

Lit.: Porter-Moss, Topographical Bibliography, III², 754-755; St. Wenig, Die Frau im alten Ägypten, 1967, Tf. 72-73; E. Terrace - H. Fischer, Treasures of the Cairo Museum, 1970, 145-148, Nr. 33; Cl. Vandersleyen (Hrsg.), Ägypten, 1975, Abb. 306; Katalog Ramsès le Grand, Paris 1976, 114, Nr. XXV.

Wir musizieren für dich,
wir tanzen für deine Majestät,
wir preisen für dich bis an die Höhe des Himmels.

Tempelinschrift Dendera

47/48

Zwei Kastagnetten

Kairo, CG 69234 = JE 39765 / CG 69235

47: Elfenbein
H. 19 cm, Br. 4 cm, T. max. 0,7 cm
Aus Abydos

48: Nilpferdzahn, bemalt
H. 21 cm, Br. 2,7 cm
Herkunft unbekannt

Mittleres bis Neues Reich,
2. Jtsd. v. Chr.

Kastagnetten wurden als Rhythmus-Instrumente paarweise benutzt, wie die Bohrung am völlig erhaltenen Exemplar Kat. 48 ebenso zeigt wie die Darstellung auf dem Grabrelief Kat. 46, wo die beiden jungen Tänzerinnen in jeder Hand ein Kastagnettenpaar halten.
Sie imitieren mit ihrem Klang das rhythmische Händeklatschen und enden daher in Form einer menschlichen Hand. Beide Male ist die Göttin Hathor unmittelbare göttliche Bezugsperson, einmal in der vom Sistrum (Kat. 45) bekannten Frontalansicht des Frauengesichts mit Kuhohren, darüber stilisierte Kuhhörner, die eine Tempelfassade flankieren, das andere Mal in reiner Frauengestalt in Profilansicht.
Die gekrümmte Form der Kastagnetten, wohl durch das Rohmaterial vorgegeben, erinnert an die Stabamulette des Mittleren Reiches (Kat. 8).

Lit.: H. Hickmann, Instruments de musique (CG), 16-17, Tf. VII, B; E. Hickmann, in: Lexikon der Ägyptologie, III, 447-449, s. v. »Klapper«.

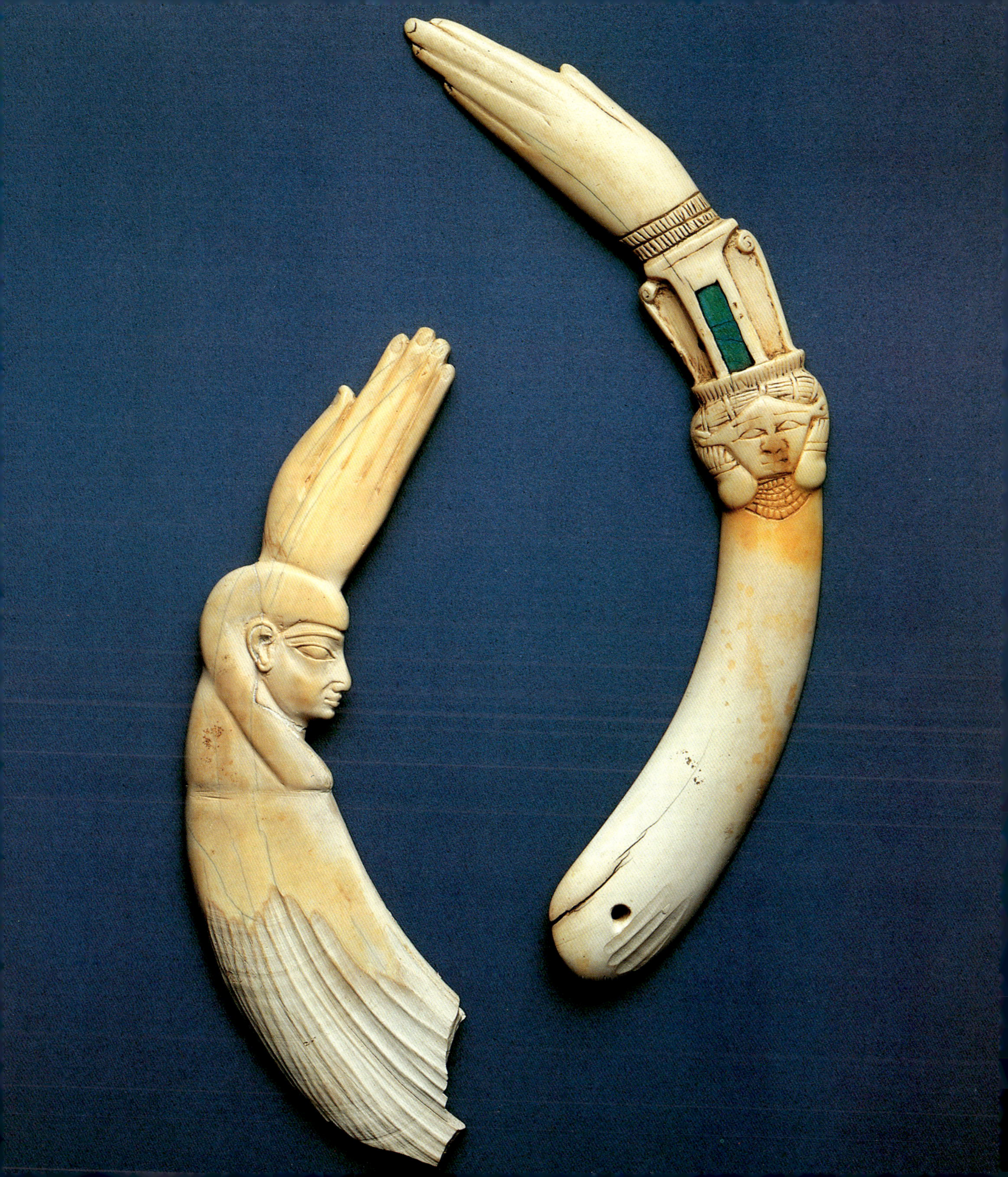

Sei froh ohne Kummer,
während Sänger und Sängerinnen jubeln und tanzen,
dir einen schönen Tag zu machen.

Gefäßinschrift Kairo

49

Statuette einer Harfenspielerin

Kairo, JE 39416
Fayence
H. 11 cm, Br. 5 cm, T. 7 cm
Herkunft unbekannt
Spätzeit, 26. Dynastie, um 600 v. Chr.

Die enge Verbindung von Musik und Tanz mit dem Kult der Göttin Hathor gibt dem Harfenspiel seinen besonderen Hintersinn. Bereits in den Harfnerliedern des Neuen Reiches wird zum Lebensgenuß aufgerufen: »Mache dir einen schönen Tag und werde dessen nicht müde.«
»Sich einen schönen Tag machen« hat in der altägyptischen Sprache eine eindeutig erotische Bedeutung, und so ist es nicht erstaunlich, daß das Harfenspiel insbesondere in hellenistischer Zeit bei erotischen Figürchen häufig als Begleitmotiv auftaucht. Die Fayence-Figur der Harfenspielerin läßt von dieser vielschichtigen Bedeutung des Motivs nichts ahnen; lediglich die Art der Bemalung mit dunklen Farbtupfen weist diese Statuette einem Werkkreis im Nildelta zu, der in der Spätzeit vor allem figurale Gefäße und Statuetten schuf, die fast ausnahmslos Geburtsgöttinnen darstellen.

Lit.: H. Hickmann, Musikgeschichte in Bildern, 1961, 136, Abb. 108; Katalog The Highlights of the Egyptian Museum, Cairo, Tokyo 1983, Nr. 48. Vgl. J. Leclant (Hrsg.), Ägypten, III, 1981, 202-207.

Kosmetische Künste

Über die in einem staubigen Land wie Ägypten beständig nötige Körperreinigung hinaus widmete der alte Ägypter der Kosmetik größte Aufmerksamkeit. Ein gepflegtes Äußeres brachte Ordnung in den Naturzustand der Menschen, und der Besitz von kostbarem Toilettengerät zeugte von Lebensart und einem Lebensstandard, der über die einfachsten Notwendigkeiten der Existenz hinausgewachsen war.

Auch die Götter bedurften kosmetischer Fürsorge. Götterbilder zu waschen und zu schmücken, gehört zu den ältesten und grundlegenden kultischen Handlungen; Schminkpaletten aus vorgeschichtlicher und archaischer Zeit belegen nicht nur das Schminken des Götterbildes, sondern auch den Gebrauch von Schminksubstanzen im Alltagsleben. Dabei dürfte manchem Kosmetikum auch medizinische Bedeutung zugekommen sein, so zum Beispiel der Augenschminke, die Augenkrankheiten vorbeugte.

Die kosmetische Verschönerung des Menschen hob ihn aus seiner Alltagswelt heraus, machte ihn bereit zur Begegnung mit den Göttern, war aber auch vor allem das Vorspiel zur Liebe.

> *»Trefflich kennt sich aus im Schlingenwerfen die Geliebte.*
> *Sie wirft Schlingen gegen mich mit ihrem Haar.*
> *Sie läßt mich eingefangen werden mit ihrem Auge.*
> *Sie läßt mich gebändigt werden mit ihrem Schmuck.«*

Neben der Erhöhung des optischen Reizes der Frau, wie er in diesem Liebeslied angesprochen ist, dienen die kosmetischen Künste auch dem Duft, der von ihrem Körper ausströmt:

> *»Ich lasse dich meine Schönheit sehen*
> *im Gewand von bestem Königsleinen,*
> *das mit Balsam getränkt*
> *und mit Öl genetzt ist.«*

Der von den Salben ausgehende Wohlgeruch ist der Duft der Blüten, die Mann und Frau in so vielen Bildern in Händen halten, eine Formulierung der Grabtexte ins Bild umsetzend: »Wohlgeruch an deine Nase«,

oder auch nur »der süße Hauch des Nordwinds für dich«, ist doch die Nase der Ort, durch den die Lebensluft in den Körper dringt.
Die Bildhaftigkeit der ägyptischen Sprache und Schrift läßt eine Fülle von Anspielungen und Mehrdeutigkeiten zu, die den kosmetischen Verrichtungen eine kaum nachvollziehbare Vielfalt von Hintersinn zufließen lassen. Das durch den weit ausgezogenen Lidstrich und die zur Schläfe verlängerte Braue so typisch ägyptisch wirkende Auge ist das Hieroglyphenzeichen für »Schönheit« und gleichzeitig Bestandteil des heiligen Horusauges, des beliebten Schutzamuletts für die Unversehrtheit des Leibes. Das Zeichen der Nase steht für Wohlgeruch und Freude, die Hieroglyphe des Mundes ist das Schriftzeichen für die menschliche Sprache.
Besonders symbolträchtig sind Frisur und Perücke. Die Frau, die sich zur Liebe bereitmacht, setzt ihre Perücke auf. Im Zweibrüdermärchen versucht eine Frau ihren Schwager durch das Spiel mit ihrer Perücke zu verführen. In der Hirtengeschichte erscheint eine Göttin, die »war nicht von Menschenart. Meine Haare sträubten sich, als ich ihre Locken sah, und weil ihre Haut so glatt war . . . Ihn aber erreichte diese Göttin, als er sich dem See zuwandte. Sie kam nackt, ohne ihre Kleider, sie hatte ihr Haar verwirrt . . .«. König Snofru ergötzt sich an »zwanzig Frauen, schöngestaltet an Brüsten und mit Locken« und ordnet an: »Man bringe mir zwanzig Perlennetze und gebe diese Netze den Frauen statt ihrer Kleider.« Der Sinnzusammenhang zwischen Frisur und Erotik ist eindeutig.
Die häufige Abbildung von Kosmetikgeräten, Spiegeln, Schminktöpfen, Salblöffeln, Kosmetikkästen in den Grabbildern, die üppige Ausstattung der Gräber mit solchen Objekten und die künstlerische Gestaltung der Vasen und Löffel, Kästen, Kämme und Spiegel weisen deutlich darauf hin, daß der gesamte Bereich der Kosmetik im Dienste der Pflege, Stärkung und Erhaltung der Weiblichkeit in erotischer und sexueller Hinsicht dient und daß er damit lebenerhaltende und lebenschaffende Bedeutung besitzt.

Lit.: M. Gauthier-Laurent, in: Melanges Maspero II, 1935-1938, 673 ff.; Chr. Müller, Die Frauenfrisur im alten Ägypten, Leipzig 1960; J. Vandier d'Abbadie, Catalogue des objets de toilette. Musée du Louvre, Paris 1972.

Die Wildgans fliegt auf und nieder,
sie taucht in den Teich . . .
Ich freue mich unter meiner Liebe,
obwohl ich allein bin.

Papyrus Harris 500

50

Spendenlöffel

Kairo, CG 45117 = JE 28737
Holz, teils bemalt und eingelegt

Aus Gurob (Fayum)
Neues Reich, 18./19. Dynastie,
um 1300-1250 v. Chr.

Lit.: G. Bénédite, Objets de toilette (CG), II, Tf. 29; Katalog 5000 Jahre ägyptische Kunst, Zürich 1961, Nr. 310, Abb. 60; I. Wallert, Der verzierte Löffel, 1967, 95, Nr. K 13.

Ein nacktes Mädchen, in der gestreckten, liegenden Körperhaltung mit dem hoch erhobenen Kopf schwimmend dargestellt, hält vor sich auf den ausgestreckten Armen eine flache ovale Schale in Gestalt einer Ente. Die Schale konnte mit zwei drehbaren Deckeln verschlossen werden, die heute verloren sind.

Diese Löffel werden allgemein als Salblöffel bezeichnet, sind aber durch ihre Fundumstände und durch ihre Motive eher als Löffel anzusehen, die für Opferspenden verwendet wurden.

Das Mädchen hat sich mit Halskragen und Perücke geschmückt, ist sonst aber unbekleidet. Die Ente hat ebenso wie die Gans eine eindeutig erotische Bedeutung, ist also nicht nur eine beliebte Opfergabe. So wird die Dienerin, die ein Entenopfer darbringt (vgl. Kat. 41/42), zur Gefährtin des Toten, die sich selbst zusammen mit den Wohlgerüchen von Weihrauch und Myrrhen in der Opferschale anbietet.

Mein Gott, mein Geliebter,
ich komme mit dir.
Es ist lieblich, zum Fluß zu gehen.
Ich freue mich darüber,
daß du von mir wünschst,
hineinzusteigen und vor dir zu baden.

Ostrakon Kairo, CG 25218

51

Spendenlöffel

Kairo, CG 45136 = JE 6055
Holz, Reste von Einlagen
H. 26 cm, Br. 6 cm
Aus Sakkâra
Neues Reich, 19./20. Dynastie,
1250-1100 v. Chr.

Lit.: G. Bénédite, Objets de toilette (CG), II, Tf. 44; I. Wallert, Der verzierte Löffel, 1967, 99, Nr. K 29.

Der Teich im Garten als Ort des Stelldicheins klingt im Motiv dieses Löffels an. Das Mädchen steht inmitten eines Dickichts von Lotosblüten und Papyrusdolden in einem winzigen Boot und hält in der Rechten ein Ruder; ein gewellter Wasserstreifen bildet den unteren Abschluß des Löffels. Die Löffelkelle ist zweigeteilt; auf einer Lotosblüte sitzt eine aufgeschnittene Alraunenfrucht (Mandragora).
Die leicht geschürzte Tracht des Mädchens, ihre üppige Perücke mit Salbkegel und der Halskragen deuten ihre Bereitschaft zur Liebe ebenso an wie die mit dem Löffel dargereichten Wohlgerüche und Essenzen.

Ach wäre ich doch ihr Wäscher,
ich wüsche ihre Salben aus,
die in ihren Kleidern sind.

Ostrakon Kairo

52

Statuette eines Dieners

Kairo, JE 31382
Holz, Elfenbein
H. 15 cm
Aus Theben-West, Scheich Abdel Gurna, Grab des Hatiai
Neues Reich, 18. Dynastie, um 1335 v. Chr.

Im Sarg der Gemahlin eines Aufsehers der Kornkammern des Aton-Tempels wurde die kleine Holzfigur eines knienden Mannes gefunden, der ein Salbgefäß auf seinen Schultern trägt. Es diente seiner Besitzerin zu Lebzeiten als Salbentopf, dessen drehbarer Deckel verschnürt und versiegelt werden konnte.
Grotesk wirkt das Größenverhältnis des kleinen Dieners unter dem riesigen Gefäß, dessen Dekoration an tauschierte Metallgefäße denken läßt. Die springenden Kälber sind kretische Motive, die in der 18. Dynastie vielfach in Ägypten belegt sind und die weltoffenen Beziehungen Ägyptens zu seinen Nachbarn belegen. Die kretischen Gefäße gelangten über die Libysche Wüste nach Ägypten, so daß der im Gesichtstyp unägyptisch wirkende Diener vielleicht als Libyer zu identifizieren wäre.

Lit.: Porter-Moss, Topographical Bibliography, I², 672; G. Daressy, in: Annales du Service des Antiquités de l'Egypte, 2, 1902, 9, Abb. 9; Katalog Nofretete-Echnaton, München 1976, Nr. 35; J.-P. Corteggiani, Das Ägypten der Pharaonen - Museum Kairo, 135-137, Nr. 60; Katalog Highlights of the Egyptian Museum, Cairo, Tokyo 1983, Nr. 45.

Preis dir, goldene Kuh,
mit schönem Gesicht und vielen Farben.
Einzige im Himmel ohnegleichen,
Hathor auf dem Haupt des Re!

Statueninschrift Deir el-Bahari

53

Spiegel

Kairo, CG 52663 = JE 44920
Silber, Gold, Obsidian, Halbedelsteine
H. 28 cm, Br. 15 cm

Aus Illahun, Grab der Sat-Hathor-iunet
Mittleres Reich, 12. Dynastie,
um 1800 v. Chr.

Drei verschiedene Motive und mit ihnen drei Gedankenkreise sind in diesem Spiegel zu einer formalen Einheit verschmolzen: Die silberne Spiegelscheibe entspricht in ihrer leicht ovalen Form dem typischen Erscheinungsbild der Sonne in der ägyptischen Kunst; der Spiegelgriff ist in seiner Grundgestalt ein Papyrusstengel, aus bunten Blättern aufsprießend und in einer weit geöffneten Dolde endend; in ihn eingesetzt der zweiseitig gearbeitete Kopf der Göttin Hathor, menschengesichtig mit Kuhohren.

Hathor, die Himmelsgöttin, wird vom Papyrusstengel als Himmelsstütze emporgehoben, und über ihr vollzieht die Sonne ihren Kreislauf.

Die Benutzerin des Spiegels, die Königstochter Sat-Hathor-iunet, erblickte im Spiegelrund ihr mit der Sonne identisch gewordenes Ebenbild.

Verschiedenste Materialien — allein am Kopf und Hals der Hathor wurden Gold, Quarz, Bergkristall, Lapislazuli, Karneol und Kalzit verwendet —, sorgfältigste Herstellungstechnik, formale Ausgewogenheit und stilistische Perfektion machen diesen Spiegel zu einem der Meisterwerke altägyptischer Goldschmiedekunst.

Lit.: Porter-Moss, Topographical Bibliography, IV, 109; G. Brunton, Lahun I — The treasure, 1920, 36, Tf. XI; E. Vernier, Bijoux et orfèvreries (CG), 213, Tf. XLVII; H. E. Winlock, The treasure of el Lāhūn, 1934, 60-61, Tf. XIV.XV; J. Leclant (Hrsg.), Ägypten, I, 1979, Abb. 245; Chr. Lilyquist, Ancient Egyptian mirrors, 1979, 34, Abb. 64.

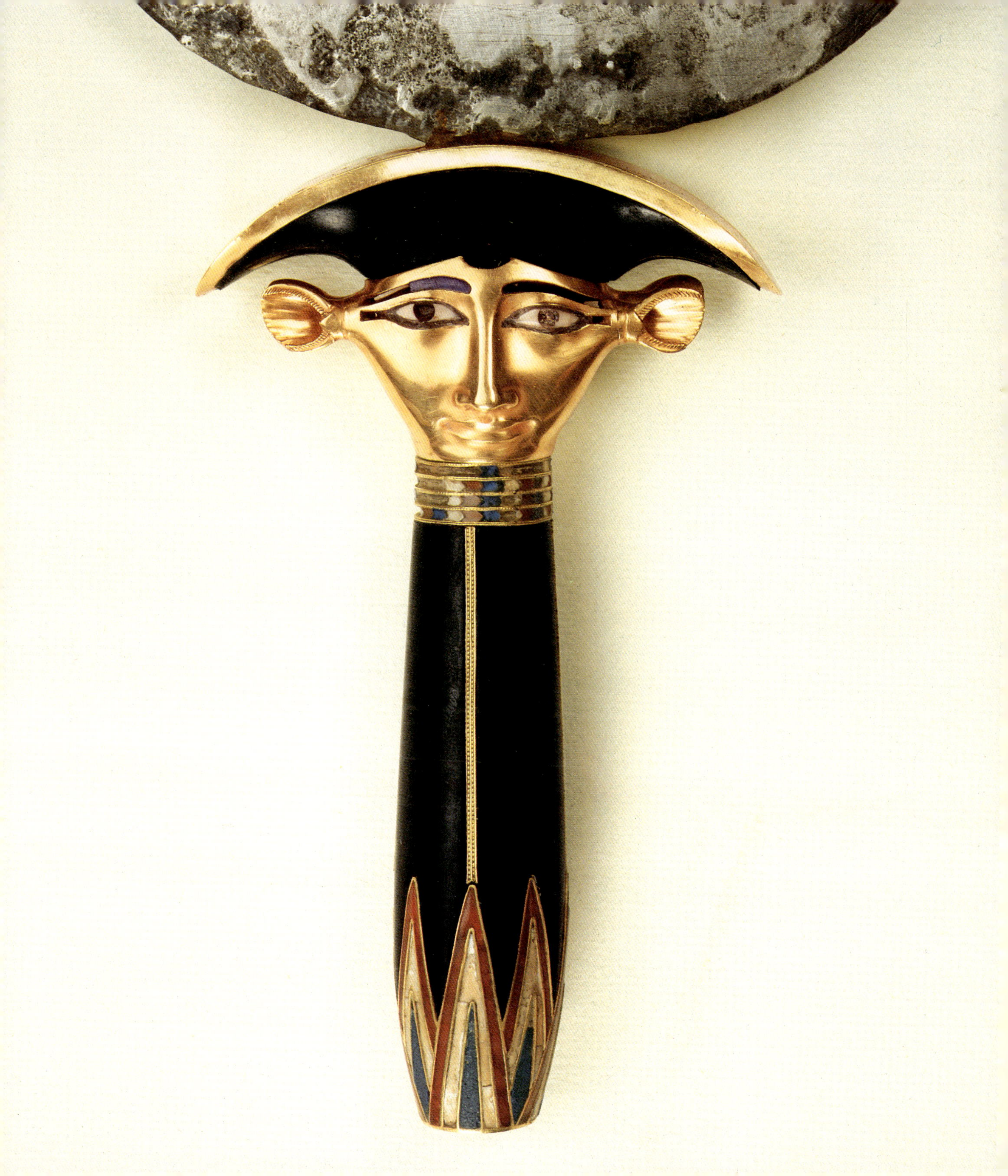

Die ihr mich seht,
wie ich mit Halskragen und Spiegel stehe,
betet für mich und gebt mir Blumen.

Statueninschrift Mendes

54

Spiegel

Kairo, CG 44045 = JE 28675
Bronze
H. 25 cm, Br. 13 cm

Aus Abusir
Neues Reich, 18. Dynastie, um 1500 v. Chr.

Nur mit einem Gürtel und einem schmalen Halsschmuck bekleidet, steht die jugendliche Frauenfigur in ihrer fein gemusterten Perücke auf der kleinen Standplatte. Ihr schlanker Körper ersetzt den Papyrusstengel, dessen weit ausladende Dolde ihren Kopfputz bildet.

Als Schriftzeichen verwendet hat der Papyrusstengel die Bedeutung »jung, frisch«, so daß durch diese Motivkombination die Jugendlichkeit der Spiegelträgerin nicht nur im Bild, sondern auch im Schriftspiel ausgedrückt ist.

Die Verwendung dieses Spiegels ist somit ein dauernd wirksames Verjüngungsmittel, und als Grabbeigabe bewirkt solch ein Spiegel die ewige Jugendlichkeit der Toten. Aus diesem Grunde fehlt der Spiegel auch kaum einmal unter den Gerätschaften, die in den Grab- und Sargbildern des Mittleren und Neuen Reiches bei verstorbenen Frauen abgebildet sind.

Ihre Bestätigung findet diese lebenspendende Symbolik des Spiegels in dessen altägyptischer Bezeichnung »anch«, einem Wort, das zugleich die Bedeutung »Leben« hat.

Lit.: G. Bénédite, Miroirs (CG), 23, Tf. X; Katalog Highlights of the Egyptian Museum, Cairo, Tokyo 1983, Nr. 46.

Gemacht von der Dienerin der Mut,
des Auges des Rê, der Herrin des Himmels,
der Gebieterin der Götter.

Auf der Spiegelscheibe

55

Scheibe eines Votivspiegels

Kairo, CG 44078 = JE 35107
Bronze
H. 21 cm, Br. 17 cm, T. 0,3 cm

Aus Memphis
Spätzeit, 25./26. Dynastie,
700-600 v. Chr.

Lit.: Porter-Moss, Topographical Bibliography, III², 831; G. Bénédite, Miroirs (CG), 38, Tf. XVIII; P. Munro, in: Zeitschrift für ägyptische Sprache und Altertumskunde 95, 1969, 92-109, Tf. IV.

Die vielfältige Symbolik des Spiegels machte ihn über den praktischen Gebrauch hinaus zum kultischen Gerät. Eine kleine Anzahl von Spiegeln schließt sich durch die Dekoration der Spiegelscheibe zu einer eigenen Gruppe zusammen.
Auf eine zweizeilige Inschrift gestellt, erhebt sich ein leichter Baldachin, in den ein Naos gesetzt ist. Dieses kleine Tempelchen wird von Säulen gestützt, die die Form der Papyrussäule mit der Hathorsäule kombinieren, vergleichbar den Säulen im ptolemäischen Hathortempel von Dendera.
Unter einem dreifach gestuften Architrav mit geflügelter Sonnenscheibe thront die Göttin Mut, »das Auge des Rê, die Herrin des Himmels«, in der für sie typischen Doppelkrone. Vor ihr steht die füllige Gestalt einer Frau, die Linke anbetend erhoben, in der Rechten einen Spiegel mit Standplatte haltend. Es ist dies der Spiegel selbst, der diese Darstellung trägt und der, wie die Widmungsinschrift (s. o.) sagt, von der »Dienerin der Mut« Keku-iri, Tochter der Men-Amun-Re, der Göttin Mut gestiftet wurde.
Diese »Dienerinnen der Mut« waren eine Glaubensgenossenschaft, die in Memphis den Kult der thebanischen Göttin Mut pflegte, vielleicht eine landsmannschaftliche Gruppe aus Oberägypten, die ihrer heimatlichen Muttergottheit den Vorzug vor den memphitischen Göttergestalten gab. Zwei solche Spiegel sind außerhalb Ägyptens gefunden worden, in den Hera-Heiligtümern von Perachora und Samos, vielleicht Stiftungen der Mitglieder der Kultgemeinschaft an eine fremde Göttin, die griechische Hera, in der sie die ägyptische Mut erkannten.

... gefunden in einem geheimen Kasten
im Tempel der Unut,
der Herrin von Hermopolis

Totenbuch 137 A

56

Kosmetik-Kästchen

Kairo, JE 26271
Holz, Elfenbein, Bronze, Glas, Leder
H. 22 cm, Br. 24 cm, T. 22 cm
Aus Theben-West, Grab 320 der Inhapi
(Mumienversteck von Deir el-Bahari)
Neues Reich, 20. Dynastie,
1126-1108 v. Chr.

Die Grabausstattung der ägyptischen Könige des Neuen Reiches ist mit Ausnahme der des Tutanchamun nicht erhalten geblieben. Außer dessen Grab sind alle Königsgräber im Tal der Könige in Theben-West schon bald nach ihrer Vollendung ausgeraubt worden. Bei mehreren Aus- und Umlagerungen der Königsmumien, die von Priestern zur Rettung der toten Könige unternommen wurden, wurden auch einige wenige Stücke des Grabmobiliars in Sicherheit gebracht. Dazu gehört das Kosmetik-Kästchen mit den Titulaturen und Namen Ramses' IX., eines der letzten Könige des Neuen Reiches, unter dem umfangreiche und langwierige Prozesse gegen Grabräuber stattfanden, ohne daß sein Grab deshalb von Plünderungen verschont geblieben wäre.
Die Füllungen der Seitenflächen und des Deckels waren mit Leder bespannt, die übrigen Holzflächen sind mit Elfenbeinleisten verkleidet, die die Titulaturen Ramses' IX. tragen. Die Einlagen der Ornamentbänder bestehen aus farbigem Glas.
Die Inneneinteilung des Kästchens ist für die Aufnahme von Salbgefäßen konzipiert, die — da aus kostbarem Material wie Kalzit, Gold oder Silber — bereits von den Grabräubern entwendet worden waren, als das Kästchen als kostbarer königlicher Besitz mit der Königsmumie vom Königsgrab in die Mumien-Cachette von Deir el-Bahari umgelagert wurde.

Lit.: Unveröffentlicht. Vgl. Porter-Moss, Topographical Bibliography, I², 622; G. Maspero, Guide du visiteur, Le Caire 1915, 391, Nr. 3785.

26271

Schwärzer ist ihr Haar
als die Schwärze der Nacht,
als Weintrauben und Feigen.

57

Kamm

Kairo, JE 63783
Holz
H. 5 cm, Br. 9 cm

Herkunft unbekannt
Neues Reich, 18./19. Dynastie,
1400-1200 v. Chr.

Das natürliche Haar wurde von Männern und Frauen meist sehr kurz getragen, um bei der Arbeit nicht hinderlich zu sein. Für offizielle Anlässe und Festtage verfügte die soziale Oberschicht über Perücken aus Menschen-, selten Tierhaar, gelegentlich auch aus Pflanzenfasern.

Die Perücke der Frau, im Lauf der Jahrtausende vielen modischen Veränderungen unterworfen, war im Gegensatz zur Männerperücke nicht nur Statussymbol, sondern signalisierte auch sexuelle Bereitschaft. In vielen Literaturwerken dient die Beschreibung der Frisur einer Frau zur Umschreibung von deren erotischer Ausstrahlung, und in der bildenden Kunst sind die häufigen Darstellungen von Frisierszenen über den vordergründigen Bildinhalt hinaus mehrdeutig, sind verschlüsselte Abbildungen des keineswegs tabuisierten, aber auch nicht offen dargestellten Bereichs der Erotik.

So kommt dem Kamm eine weit über seine rein praktische Funktion hinausgehende Bedeutung zu, und Kämme als Grabbeigabe sind mehr als Alltagsinventar für den Toten; sie sind Requisiten sexueller Bereitschaft und Aktivität und daher für den Toten von außerordentlicher Wichtigkeit.

Lit.: Unveröffentlicht. Vgl. J. Vandier d'Abbadie, Catalogue des objets de toilette (Musée du Louvre), 1972, 141-147. Zur Symbolik der Perücke vgl. Ph. Derchain, in: Studien zur altägyptischen Kultur 2, 1975, 55 ff.

Mein Herz ist dir gewogen,
ich tue dir, was es wünscht,
wenn ich in deinen Armen liege.
Mein Wunsch danach ist meine
Augenschminke,
erblicke ich dich, so strahlen meine Augen.

Papyrus Harris 500

58

Schminkbehälter

Kairo, CG 44528 = JE 29118
Elfenbein, blaue Farbreste
H. 15 cm, Br. 6 cm, T. 4 cm
Herkunft unbekannt
Neues Reich, 19./20. Dynastie,
1250-1100 v. Chr.

Lit.: G. Bénédite, Objets de toilette (CG), 32, Tf. XIV.

Aus einem massiven Elfenbeinblock sind vier schlanke Röhren herausgearbeitet, von denen heute nur noch drei ganz erhalten sind. Diese Anordnung ahmt Schminkbehälter aus ausgehöhlten Pflanzenstengeln nach, überträgt also eine alltägliche Form in kostbares Material.
Der Verschluß der nach oben herausragenden Enden der Röhren konnte durch einen quer durchgesteckten Dorn arretiert werden. In den Röhren sind Reste von schwarzer Augenschminke, von Koḥl, erhalten.
Auf zwei Seiten sind schlanke Frauengestalten in bodenlangem, dünnem Gewand abgebildet. Stabstrauß und Räuchergefäß, Blütenstengel und Gazelle als ihre Opfergaben sind Motive, die auch häufig bei den Spendenlöffeln (vgl. Kat. 50, 51) vorkommen. So verbinden sich auch hier Opfer und Opfernde zu einem umfassenden Versorgungsprogramm, das alle Bedürfnisse befriedigt. Das Schminken der Augen ist zusammen mit der Vorbereitung der Frisur (vgl. Kat. 57) ein Vorspiel zur Hingabe der Frau.

Wie schön ist es,
dem Befehl meiner Herrin zu folgen.
Gibt es eine Dame wie sie?
Wenn es an Dienern fehlt,
bin ich der Diener.

Papyrus Turin

59

Salbgefäss

Kairo, CG 18576 = JE 26046
Serpentin
H. 10 cm, Br. 4 cm, T. 6 cm
Herkunft unbekannt
Neues Reich, 18./19. Dynastie,
1400-1200 v. Chr.

Praktische und symbolische Funktion eines Salbgefäßes sind hier in idealer Weise verbunden. Der Körper der aufrecht stehenden weiblichen Meerkatze ist bis in Hüfthöhe von oben her ausgebohrt und diente zur Aufbewahrung von Schminkgriffeln. Das von der Äffin an zwei Schlaufen (?) gehaltene große Gefäß, mit Blütenkränzen behängt und in einen Standring gestellt, enthielt Salbe und konnte mit einem drehbaren Deckel (heute verloren) verschlossen werden.
Affen als Tiere des »Gotteslandes«, wie die Regionen am Oberlauf des Nils genannt wurden, waren mehr als possierliche Haustiere im vornehmen Haushalt, wo sie häufig gehalten wurden. Sie waren selbst ein Stück »Gottesland«, waren gute Geister im Haus, die das Reich der Frau beschützten.
Die kleine Hieroglyphengruppe auf der Schulter des Salbtopfes reflektiert den göttlichen Schutz, der von der Affenfigur ausgeht, und überträgt ihn auf den Gefäßinhalt: Das doppelte Udjatauge gewährleistet Unversehrtheit, das in die Mitte gesetzte Zeichen »nefer« verspricht Schönheit und Vollkommenheit.
In analoger Haltung erscheint oft auch Bes — eine Unterstreichung der Rolle des Affen als Beschützer des Hauses, insbesondere des Bereiches der Frau.

Lit.: Fr. W. v. Bissing, Steingefäße (CG), 118, Tf. IX. Zum Affen: J. Vandier d'Abbadie, in: Revue d'Egyptologie 16, 1964, 147-177; 17, 1965, 177-188; 18, 1966, 143-201; E. Brunner-Traut, in: Lexikon der Ägyptologie, I, 83-85.

Alle Steine dieses Fremdlandes
zusammen mit zahlreichen geschmolzenen Steinen.

Annalen Thutmosis' III.

60

Glasgefäss

Kairo, JE 47778
Glas
H. 9,5 cm

Aus Sakkâra, Nähe der Teti-Pyramide
Neues Reich, 18. Dynastie,
1400 bis 1350 v. Chr.

Der Krateriskos gehört zu den frühen Meisterwerken der Glastechnik. Erst um 1450 v. Chr. entwickelt, ist die Glasherstellung in Ägypten schnell zu höchster Blüte gediehen. Formal und technisch ist der Krateriskos vollkommen. Auf den dunkelblauen Gefäßkörper, der über einen Sandkern geformt, also nicht geblasen wurde, sind weiße, gelbe und hellblaue Glasfäden aufgeschmolzen und zu einem Bogenmuster ausgekämmt, das weich zum Fuß hin verfließt. Oberer und unterer Gefäßrand sind mit einem gelb-blau tordierten Band eingefaßt.

»Geschmolzenen Stein« nannten die Ägypter diese Gläser, Kunstprodukte von Menschenhand, die die Natur zu überhöhen, zu übertreffen versuchten.

Der hohe Wert dieser frühen Gläser beschränkte ihren Besitz auf die gesellschaftliche Oberschicht, zunächst wohl weitgehend auf den Königshof; für ihre extreme Seltenheit und Kostbarkeit spricht, daß sie in den so zahlreichen Grabbildern des Neuen Reiches nicht nachgewiesen werden können.

Der Krateriskos stammt aus einem Privatgrab in Sakkâra; er wurde wohl dem Grabinhaber vom König als eine besondere Auszeichnung verliehen.

Lit.: B. Nolte, Die Glasgefäße im alten Ägypten, 1968, 97. Tf. X.

Der Mund meiner Geliebten ist eine Knospe,
ihre Brüste sind Liebesäpfel.

Papyrus Harris 500

61

Glasgefäss

Kairo, JE 35186
Glas
H. 11 cm, Br. 10 cm
Aus Darb Esbeida
(nördlich von Amarna)
Neues Reich, 20. Dynastie, um 1140 v. Chr.

Eine Linsenflasche mit zwei Henkeln und eine Granatapfelvase sind zu einem Doppelgefäß zusammengefügt. Die Linsenflasche, oft mit Darstellungen von Affen geschmückt, dient gern als »Neujahrsflasche«, als mit guten Wünschen beladenes Gefäß zum Neujahrstag. Granatapfelgefäße, häufig aus bunter Fayence hergestellt, in Tutanchamuns Grabschatz aber auch in Silber belegt, bilden eine Frucht ab, die erst im Neuen Reich aus Syrien nach Ägypten gelangt war. Aus Gold oder Silber gefertigt, waren Granatapfelgefäße geschätzte diplomatische Geschenke der Könige von Babylon und Mitanni an den ägyptischen Pharao.
In Bildern und Texten des Neuen Reiches gilt der Granatapfel als erotisches Symbol, so daß er wie geschaffen ist als Form eines Glasgefäßes im Besitz einer vornehmen Ägypterin, zusammen mit der Neujahrsflasche als Geschenk überreicht, für die Beschenkte zugleich Kompliment und Anspielung.

Lit.: B. Nolte, Die Glasgefäße im alten Ägypten, 1968, 76, Tf. XXVI, 39.

Erotik

So zurückhaltend die Nebenbedeutungen der Darstellungen von Tanz, Musik und Kosmetik sind, so verschlüsselt ist ganz allgemein der Ausdruck erotischer und sexueller Themen in der Kunst der alten Ägypter. So ist es nicht verwunderlich, daß dieses Thema in der Kulturgeschichte Altägyptens kaum existent ist; die wenig zahlreichen direkten Darstellungen aus hellenistischer Zeit sind von der Wissenschaft tabuisiert, und die Bereitschaft, erotischen Hintersinn zu entdecken und zu erkennen, bleibt bislang gering.

Die Ambivalenz des Geschlechtlichen wird in der ägyptischen Literatur deutlich ausgesprochen. In den Lebenslehren wird immer wieder von der gefährlichen Versuchung geschrieben, die von der Frau ausgehen kann:

> *»Willst du Freundschaft bestehen lassen*
> *in einem Hause, zu dem du Zutritt hast*
> *als Herr, als Bruder oder als Freund,*
> *überall dort, wo du eintrittst,*
> *hüte dich beim Verkehr mit den Frauen.*
> *Kein Gesicht ist ihren Fallen gefeit.*
> *Man wird betört von einem Leib, kühl wie Fayence,*
> *schon ist er zu brennendem Karneol geworden.*
> *Eine kurze Zeit ist es, wie ein Traum,*
> *und man erreicht den Tod,*
> *wenn man daraus gelernt hat.«*

Diese Ermahnungen aus der Lehre des Ptah-hotep werden ergänzt durch die Lehre des Ani, in der es heißt:

> *»Halte dich fern von einer Frau von draußen,*
> *die man in ihrer Stadt nicht kennt.*
> *Sie ist ein sehr tiefes Wasser,*
> *dessen Strudel man nicht kennt.*
> *Eine Frau, deren Gatte fern ist,*
> *sagt dir täglich: »Ich bin gefällig!«,*
> *wenn sie keinen Zeugen hat.«*

Im weltlichen wie im mythischen Bereich fehlt es nicht an Schilderungen weiblicher Verführungskunst, an Berichten von Ehebruch und Prostitution.

> *»Du sitzt in der Schenke, umgeben von Dirnen,*
> *du willst zärtlich werden und dich vergnügen.*
> *Du weilst bei dem Mädchen und bist in Öl getaucht,*
> *einen Kranz Mäusekraut um den Hals,*
> *und du trommelst auf deinen Bauch.«*

Aber diesen negativen Seiten weiblicher Verführungskunst steht die Schilderung der Erotik als eines Lebenselixiers gegenüber, als eines Urquells des Lebens und der Lebensfreude, als eines Stückchens göttlicher Präsenz auf Erden.
Die Liebeslieder des Neuen Reiches sprechen in überaus poetischen Bildern und mit einer Unbefangenheit, die angesichts der Verschlüsselung der Bilder überraschen muß, von der Liebe zwischen Mann und Frau:

> *»Mit hohem Hals und strahlender Brust*
> *hat sie echtes Lapislazuli zum Haar.*
> *Ihre Arme übertreffen das Gold,*
> *ihre Finger sind wie Lotoskelche.«*
> *»Mögest du meine Höhle erreichen,*
> *ehe deine Hand viermal geküßt werden kann.*
> *Du suchst die Liebe der Geliebten,*
> *denn die Goldene (= Hathor) befiehlt es dir, mein Freund.«*

Wo hat diese Verzückung der Verliebten ihren Niederschlag in der bildenden Kunst gefunden? Hat eine Kunst, die Dauer erzeugen will, die den Augenblick überwinden möchte, um ihn durch Ewigkeit zu ersetzen, überhaupt Platz für die Darstellung des Rausches, der den Sinn der Verliebten überkommt? Die ägyptische Kunst setzt den ekstatischen Moment der Liebe um in Bilder der Spannung zwischen den Geschlechtern, in Gesten der Liebe und geheimnisvolle, zur Entzifferung reizende Bilderrätsel. Die unverfängliche Umarmung von Mann und Frau wird zum Bild der ehelichen Vereinigung, das Harfenspiel zum Vorspiel des Schäferstündchens, die landschaftliche Umgebung des verschwiegenen Gartens zum Hintergrund der nur angedeuteten Begegnung der Liebenden.
Deutlicher sind nur die Darstellungen dauerhafter Jenseitswünsche bezüglich Liebe und Ehe, vor allem des Wunsches nach Fortsetzung der ehelichen Gemeinschaft und der Zeugung und Geburt von Nachkommen. Die sogenannten Totenkonkubinen dienen zweifellos diesem Zweck, sind aber in ihrer klinischen Reinheit und offenkundigen Hervorhebung der Geschlechtsmerkmale kaum dem Themenbereich der Erotik zuzurechnen.
So verhalten die erotische Ausstrahlung der Frau in der ägyptischen Kunst gestaltet wird, so allgegenwärtig ist sie, ein spannungsgeladenes Grundmotiv, das sich nur dem aufmerksamen Betrachter erschließt.

Lit.: S. Schott, Altägyptische Liebeslieder, Zürich 1950; A. Hermann, Altägyptische Liebesdichtung, Wiesbaden 1959; W. Westendorf, in: Zeitschrift für ägyptische Sprache und Altertumskunde 94, 1967, 139-150; E. Brunner-Traut, Die Alten Ägypter, 1974, 79-88; Ph. Derchain, in: Studien zur altägyptischen Kultur 2, 1975, 55-74; H. Buchberger, in: Göttinger Miszellen 66, 1983, 11-43.

Wenn ich sie umarme,
und ihre Arme um mich gebreitet sind,
ist es wie in Punt,
es ist wie ein Salben mit Öl.

Ostrakon Kairo 25218

62

Doppeluschebti

Kairo, CG 48407 = JE 21858
Steatit
H. 19 cm, Br. 12 cm, T. 5 cm
Herkunft unbekannt
Neues Reich, 19. Dynastie, um 1250 v. Chr.

Uschebtis sind kleinformatige Statuen, die dem Verstorbenen bisweilen in großen Stückzahlen als Abbilder seiner Selbst mit ins Grab gelegt werden, Vervielfältigungen seiner Person also, die, wie die Texte der Uschebtiformel es ausdrücken, für ihn im Jenseits alle Arbeit verrichten sollten. Hierfür sind sie mit den Geräten der Landwirtschaft und des Handwerks, Hacken, Dechsel und Körben ausgerüstet.

Das Doppeluschebti steht außerhalb dieser in Text und Bild klar definierten Funktion. Der Verstorbene Meni, als Mumie dargestellt, trägt nicht die Arbeitswerkzeuge, sondern die Amulette für Dauer und Schutz, den Djed-Pfeiler und den Isisknoten. Ein breiter Halskragen und die fein gelockte Perücke unterstreichen den festlichen Charakter seines Erscheinungsbildes.

Neben ihm seine Frau Henut-Iunu in kostbarer, weit ausladender gescheitelter Löckchenperücke mit Blütenkranz, die in Höhe des Kinns von einst vergoldeten Bändern zusammengehalten wird. Der breite Halskragen trägt ebenfalls Reste ehemaliger Vergoldung.

Der linke Arm der Frau umarmt den Mann, so daß die linke Hand auf dessen linker Schulter liegt. Der rechte Arm, aus dem Mumiengewand gelöst, greift vor dem Leib der Frau hinüber zum Mann; die Rechte liegt in zarter Berührung auf dessen rechtem Oberarm.

Die Rückenplatte stellt die Liegefläche eines Bettes dar, die Standfläche unter den Füßen ist wie das Fußende des Bettes gemustert. Meni und Henut-Iunu sind also in inniger Umarmung auf dem Bett liegend dargestellt; die Armhaltung der Frau gewinnt dadurch den Stellenwert einer verschlüsselten Darstellung der Vereinigung des Ehepaares. Der Künstler hat es verstanden, durch die sehr starke Überlängung des rechten Arms der Frau den Schwerpunkt der Darstellung auf dieses Detail zu legen, in der starken Bewegung und der auffallenden Diagonalen des Armes die emotionslose Strenge der Gesichter aufzuheben und die Gruppe mit Spannung zu erfüllen.

In den Gesichtern mehr zu suchen als unverbindliche Allgemeingültigkeit, verbietet sich schon dadurch, daß in den Opferformeln an Anubis und Osiris, die auf die Rückseite geschrieben sind, die Namen für Mann und Frau nicht eingetragen sind. Das Doppeluschebti wurde erst zum Zeitpunkt seines Kaufes und nur in den Inschriften der beiden Figuren mit den Namen der Käufer versehen.

Lit.: P. E. Newberry, Funerary statuettes (CG), 345, Tf. XXVIII.

Gib Balsam und Wohlgeruch zusammen an deine Nase,
Kränze von Lotos und Liebesäpfeln auf deine Brust,
während deine Frau, die in deinem Herzen ist,
neben dir sitzt.

Harfnerlied

63

Gruppenstatue

Kairo, CG 772 = JE 31053
Kalkstein, bemalt
H. 30 cm, Br. 17 cm, T. 14 cm

Aus Theben-West
Neues Reich, 19. Dynastie, um 1250 v. Chr.

Fast noch kindlich wirkt das junge Paar, das in festlichen weißen Gewändern abgebildet ist. Der Mann, Ini, sitzt in feierlicher Haltung, ein wenig steif, hält in seiner Rechten auf dem Oberschenkel ein Tuch und in der Linken vor der Brust eine (abgebrochene) Lattichpflanze. Seine Frau, Tjenet-Imentet, hingegen zeigt anmutige Bewegung. Ihr linker Fuß ist leicht nach vorn gesetzt, deutet eine ungezwungene Haltung an. Die rechte Hand liegt auf der rechten Schulter des Mannes, ihn umarmend; die Linke berührt seinen linken Ellenbogen, wodurch der Eindruck entsteht, als ob sie sich dem Mann zuwende. Auch die Perücke unterstreicht diesen Eindruck: Während die linke Hälfte der Perücke bis auf die Brust fällt, ist die rechte Hälfte kokett über die Schulter geworfen, gibt diese und den breiten bunten Halskragen frei und öffnet das Gesicht der Frau für den Blick des Mannes.

Durch diese Asymmetrie und die Armhaltung ist die Hinwendung der Frau zum Mann trotz des streng nach vorn gerichteten Blicks beider Personen klar unterstrichen. Gemessen an der Zurückhaltung altägyptischer Darstellungen ist diese Gruppe von erstaunlicher Direktheit in der Wiedergabe des werbenden Verhaltens der Frau gegenüber dem Mann. Zusätzlich sind Mann und Frau durch die Relieffigur ihrer Tochter zwischen ihren Unterschenkeln auf der Sitzvorderseite verbunden, die ihre Hände an die Waden ihrer Eltern legt. In welcher Verbindung die Figur eines Mannes Pa-ren-nefer auf der rechten Sitzseite zu Ini und seiner Frau steht, geht aus der Inschrift nicht hervor.

Ini war »Nekropolenwächter im Westen von Theben«, gehörte also nicht der gehobenen Schicht an; seine Frau ruft in ihrer Statueninschrift die Göttin Hathor von Theben an, trägt jedoch keinerlei priesterliche Titel. Ein junges Mittelstandspaar, das in jugendlicher Frische seine Zuneigung und liebende Verbindung zum Thema der Statue gemacht hat.

Lit.: Porter-Moss, Topographical Bibliography, I², 785; L. Borchardt, Statuen und Statuetten (CG), III, 83-85, Blatt 142.

Warum sprichst du mit deinem Herzen:
›Nach ihr gelüstet mich, sie zu umarmen‹?
Bei Amun, ich komme zu dir,
mein Kleid auf meinem Arm.

Papyrus Chester Beatty I

64

Statuette einer Frau

Kairo, CG 774 = JE 21527
Holz
H. 20 cm
Aus Theben-West, Deir el-Bahari
Neues Reich, 18. Dynastie, um 1450 v. Chr.

Lit.: L. Borchardt, Statuen und Statuetten (CG), III, 85.

Die literarischen Texte des Neuen Reiches sprechen ohne Scheu über die jungen Liebenden und gestatten einen Einblick in Bereiche ungehemmter Lebensfreude, die aus den bildlichen Darstellungen fast völlig ausgeklammert sind. Der Gegensatz von Diesseits und Jenseits macht sich hier bemerkbar, zwischen einer Literaturgattung, die nicht für die Totenwelt bestimmt war, und einer bildenden Kunst, die fast ausschließlich für den Bereich des Grabes produzierte.
Auch der Verstorbene möchte auf Erotik und Sexualität nicht verzichten, aber die nackten Frauenfigürchen, die als Grabbeigaben gefunden wurden, lassen den Reiz ihrer »literarischen Schwestern« vermissen, wirken streng und ernst. Die Betonung der Geschlechtsmerkmale und die Fülligkeit der Hüftpartie lassen diese Figuren eher als Fruchtbarkeitssymbole erscheinen.

Laß uns eine Stunde feiern und schlafen!
Mache dir deine Frisur!

Hirtenmärchen

65

Statuette einer Frau

Kairo, JE 47710
Blaue Fayence
H. 13 cm
Herkunft unbekannt
Mittleres Reich, 2000-1700 v. Chr.

Lit.: J. H. Breasted Jr., Egyptian servant statues, 1948, 95, Tf. 90; Chr. Desroches Noblecourt, in: Bulletin de l'Institut Français d'Archéologie Orientale 53, 1953, 7-47, Tf. I-V.

Aus leuchtend blauer Fayence sind im Mittleren Reich kleine Frauenfiguren ohne Unterschenkel hergestellt worden, die meist als Grabbeigaben gefunden wurden, vorzugsweise in Gräbern von Frauen.
Ihre tiefschwarze Frisur, bisweilen aus natürlichem Haar in Löcher am Kopf eingeknotet, die Tätowierung des Körpers, die Betonung des Schamdreiecks und der Gürtel aus Kauri-Schnecken unterstreichen die Funktion dieser Figürchen als Symbole der weiblichen Fruchtbarkeit. Ihre traditionelle Bezeichnung als »Konkubinen« ist zu sehr aus dem Blickwinkel des Mannes gesehen oder auf einen Mann hin konzipiert. Viele dieser Figürchen sind in Frauengräbern gefunden worden, sind also Ausdruck weiblichen Selbstverständnisses, Zeichen der Bereitschaft und Fähigkeit zu Empfängnis und Geburt.

Dir zum Wohle im Hause deines Bruders,
und versäumt nicht,
euch auf immer zu vereinen.

Grab des Amenemhet

66

Stillende Mutter

Kairo, 25/12/24/12
Kalkstein
H. 7 cm, Br. 10 cm, T. 21 cm
Herkunft unbekannt
Neues Reich, 18./19. Dynastie,
1400-1200 v. Chr.

Auf einem breiten Bett mit Kopfkissen liegt in Rückenlage eine nackte Frau und reicht einem kleinen Kind, das in ihrem linken Arm ruht, die Brust. Der schmale Gürtel um die Hüften, der Halskragen und die Löckchenperücke mit Seitenlocke sind typische Trachtelemente der Wöchnerin, die die Wochen nach der Geburt getrennt vom Haus in der Wochenlaube verbringt.
Die Darstellung von Mutter und Kind ist sicherlich als bildliche Fixierung des Wunsches nach glücklicher Geburt aufzufassen. Auch hier ist die gebräuchliche Bezeichnung »Konkubine« irreführend.

Lit.: J. H. Breasted Jr., Egyptian servant statues, 1948, 96, Tf. 93; E. Brunner-Traut, in: Mitteilungen des Instituts für Orientforschung 3, 1955, 11-30.

25 12
24 x 12

Ich steige in das Wasser, mit dir zu sein,
und ich komme dir zuliebe mit einem roten Fisch heraus.
Er macht sich gut auf meinen Fingern.
Ich lege ihn auf meine Brüste.

Ostrakon Kairo 25218

67

Silberschale

Kairo, JE 87742
Silber, Gold, Glas
H. 2,5 cm, Durchmesser 18 cm
Aus Tanis, Grab des Wen-djebau-en-djed
3. Zwischenzeit, 21. Dynastie, 1045-994 v. Chr.

Die Silberschale mit goldenem Handgriff und goldgetriebenem Mittelteil wurde von König Psusennes I. als »königlicher Gunstbeweis« dem General, Befehlshaber der königlichen Bogenschützen und Oberpriester aller Götter Wen-djebau-en-djed gewidmet, der sich in einer Nebenkammer des Königsgrabes in der Nekropole von Tanis, der Hauptstadt der 21. Dynastie, bestatten lassen durfte. Rings um eine zentrale zwölfstrahlige Rosette mit Glaseinlagen, beiderseits eingefaßt von einem granulierten Goldrand, schließt sich ein breiter getriebener Goldblechring mit figürlichen Darstellungen.
Vier nackte Mädchen, paarweise angeordnet, schwimmen zwischen Papyrusstengeln, umgeben von Fischen. Mit bloßen Händen versuchen sie Enten zu fangen, deren eine aufflatternd entkommt. Perlenketten umziehen, sich überkreuzend, die schlanken Körper der Schwimmerinnen, um ihre Hüften liegt ein breiter Gürtel, der den Schoß frei läßt, und von Bändern durchzogene Perücken fallen bis auf die Schultern, eine Schwimmerin trägt eine Kugelperücke.
Die schwebende Leichtigkeit der Liebeslieder ist hier umgesetzt in ein kompositorisch wie inhaltlich feingewebtes Netz von Überschneidungen und Mehrdeutigkeiten, ein heiliger Urozean, in dem sich höchst irdische Wesen tummeln, umgeben von Wasser- und Sumpfgetier, das als Schöpfungssymbol (Fisch) und Opfertier (Ente) Werden und Vergehen allen Lebens umschreibt.

Lit.: P. Montet, La nécropole royale de Tanis, II, Psousennès, 1951, 83-84, Nr. 775, Abb. 31, Tf. LV; Katalog Ramsès le Grand, Paris 1976, 310-311, Nr. LXXI; vgl. E. Staehelin, in: Zeitschrift für ägyptische Sprache und Altertumskunde 105, 1978, 76-84.

Gehst du fort, weil dich hungert?
Entfernst du dich, weil du Durst hast?
Nimm dir meine Brüste!
Ihr Inhalt flutet dir über.

Papyrus Harris 500

68

Ostrakon

Kairo, JE 63805
Kalkstein, bemalt
H. 13 cm, Br. 15 cm

Aus Theben-West, Deir el-Medineh
Neues Reich, 19./20. Dynastie,
1200-1100 v. Chr.

Die Festdarstellungen in den Grabbildern des Neuen Reiches berichten von den großen Totenfesten, die einmal jährlich im riesigen Friedhof von Theben gefeiert wurden; obwohl es bei diesem »schönen Fest im Wüstental« fröhlich und lautstark zugegangen sein muß, bleiben die Grabbilder in der Schilderung des Festverlaufs zurückhaltend; die nackten Dienerinnen (vgl. Kat. 44) oder die Gruppen von Tänzerinnen und Musikantinnen verharren selbst bei lebhaftester Bewegung in einer gewissen Distanz und Zurückhaltung.

Von den Konventionen der Grabkunst befreit sich der ägyptische Künstler, wenn er auf Kalksteinsplittern, den Ostraka, wie sie bei der Relief- und Statuenproduktion anfallen, Skizzen, Entwürfe oder auch einfach künstlerische Randbemerkungen, Augenblickseinfälle notiert. Diese Skizzenblätter des alten Ägypten überliefern nicht nur einen sonst kaum nachweisbaren unkonventionellen, flotten Stil der Zeichnung und Malerei, sondern auch Motive, die nie Eingang in die offizielle Kunst der Tempel und Gräber gefunden haben.

Die in wenigen sicheren Pinselstrichen skizzierte und farbig angelegte Zeichnung auf dem Ostrakon zeigt eine Lautenspielerin, die außer ihrer üppigen schwarzen Lockenperücke nur noch einen breiten Halskragen zu tragen scheint. Sie hat sich in einer Spielpause entspannt zur Ruhe gelegt, den Kopf auf den linken Arm gestützt, die Laute quer vor sich.

Fast möchte man an eine Skizze denken, die der Künstler vor Ort, in einer der Schenken des Künstlerviertels von Theben, in Deir el-Medineh angefertigt hat. Ein seltenes Stück altägyptischen Lebens, unbeeinflußt von Tempel und Grab.

Lit.: J. Vandier d'Abbadie, Catalogue des ostraca figurés de Deir el-Medineh, Fasc. 2, 1937, 81, Nr. 2390, Tf. LXIII; H. Hickmann, in: Annales du Service des Antiquités de l'Egypte 49, 1949, 438-441, Abb. 14-15; J.-P. Corteggiani, Centenaire de l'Institut Français d'Archéologie Orientale, Musée du Caire, 1981, 74-77, Nr. 53.

Kleidung und Schmuck

Die klimatischen Verhältnisse Ägyptens machten Kleidung nicht zu einer existenziellen Notwendigkeit. Bei der Arbeit auf dem Feld werden Männer und Frauen oft nur spärlich bekleidet dargestellt, und so ist dem Ägypter Nacktheit nichts Außergewöhnliches. Frauengewänder sind insbesondere im Mittleren Reich so geschnitten, daß sie die Brüste freilassen, und die feinen Leinengewänder des Neuen Reiches betonen und unterstreichen die Körperformen so sehr, daß sie nackter als nackt wirken.

Kleidung ist in erster Linie Statussymbol. Fast möchte man formulieren, daß die soziale Stellung einer Frau oder eines Mannes umso höher ist, je unpraktischere, hinderlichere Kleidung sie tragen. In feierlicher Strenge stehen die vornehmen Damen des Neuen Reiches in ihren plissierten Roben; die Frauenfigur des Alten Reiches erscheint bewegungslos in ihrem enganliegenden Kleid, das kaum einen Schritt zu erlauben scheint. Wenn diese Gewänder in den Grabbildern und Totenbüchern sogar bei der Feldarbeit oder bei der Jagd im Papyrusdickicht getragen werden, dann wird daraus klar, daß die Kleidung ein Bedeutungsträger ist, der über die irdische Realität und das alltägliche Vorbild hinausweist und dem Bekleideten Qualitäten verleiht, die ihm nicht von vornherein zueigen sind.

Die alltägliche Kurzhaarfrisur von Mann und Frau wird für Feste und für die Ewigkeit mit einer Perücke bedeckt, deren Träger aus der Alltäglichkeit abgehoben sind, sich für irdische oder ewige Feste geschmückt haben, Bereitschaft zum Außergewöhnlichen signalisieren; die erotische Bedeutung der Frisur wurde bereits angesprochen (S. 132—133). Das enge weiße Frauengewand begegnet in ganz ähnlicher Form bei verschiedenen Göttern, die alle den Aspekt des Fruchtbarkeits- oder Schöpfergottes besitzen — Amun-Rê, Min, Ptah.

Bedeutungsgeladen wie die Kleidung ist der Schmuck. Amulette und Pektorale sind durch ihre Bildmotive und durch den Bildcharakter der

Schrift in ihrer Bedeutung leicht zu bestimmen, aber auch andere, alltäglich wirkende Schmuckmotive besitzen symbolträchtigen Hintersinn. Der so vertraute, so typisch ägyptische Perlenhalskragen ist der Versuch einer bildlichen Fixierung des farbenprächtigen Sonnenaufgangs; die Blütendiademe spiegeln die Sonne, sind die Sonne auf ihrem täglichen Rundweg. Beide Schmuckformen stellen ihre Trägerin mitten hinein in den Kreislauf der Sonne, machen sie zum Bestandteil des Kosmos.

Die Morgentoilette, die Morgengarderobe und das Anlegen von Schmuck sind neben der Opferspeisung auch die zentralen Elemente des täglichen Rituals, das an den Götterbildern vollzogen wird. Erst durch das Anlegen der Gewänder und des Schmucks strömt dem Götterbild Energie zu, und in ähnlicher Weise dokumentiert der Mensch seine Funktionen in seiner Kleidung. Kleidung und Schmuck differenzieren das allgemein Menschliche; sie charakterisieren den Handwerker, Beamten, Priester, König; sogar die Gottheiten sind in ihrer Menschengestalt nur durch Tracht und Schmuck als Götter erkennbar. Die Würde des Menschen ist unabhängig von seiner Kleidung; seine soziale Stellung aber schlägt sich im Gewand nieder. Herstellung und Pflege von Kleidung und Schmuck sind infolgedessen mehr als nur handwerkliche und hauswirtschaftliche Angelegenheiten. Sie sind in festen Verwaltungsinstanzen verankert, deren Personal hohe Achtung genießt. Spinnerinnen und Weberinnen, Friseusen und Perückenmacherinnen haben ihren festen Platz im vornehmen Haushalt und am Hof. Die Webkunst untersteht sogar einer eigenen Schutzgöttin.

Auf kaum einem anderen Gebiet altägyptischen Alltags manifestiert sich die hochkultivierte Lebensart des Pharaonenreiches so deutlich wie in der zurückhaltenden, vornehmen Eleganz der Mode und des Schmucks. Der Frau als Schöpferin dieser Mode — und in gleichem Maße als Trägerin — kommt eine bedeutende kulturtragende und zivilisatorische Rolle zu.

Lit.: H. Bonnet, Die ägyptische Tracht bis zum Ende des Neuen Reiches, Leipzig 1917; E. Staehelin, Untersuchungen zur ägyptischen Tracht im Alten Reich, Berlin 1966; M. Vilímková, Altägyptische Goldschmiedekunst, Prag 1969; A. Wilkinson, Ancient Egyptian jewellery, London 1971; C. Aldred, Die Juwelen der Pharaonen, München - Wien - Zürich 1972.

Ich lasse dich meine Schönheit sehen
im Gewand von bestem Königsleinen,
das mit Balsam getränkt
und mit Öl genetzt ist.

Ostrakon Kairo

69

Statue einer Königin

Kairo, JE 36359
Kalkstein
H. 165 cm, Br. 45 cm, T. 41 cm

Aus Abydos, Osiristempel
Mittleres Reich, 12. Dynastie,
um 1900 v. Chr.

Oberschenkel und Knie ergänzt

In voller Lebensgröße ist die hoheitsvolle Gestalt der Herrscherin wiedergegeben. Die Füße eng nebeneinander gestellt, die Arme seitlich an den Körper gelegt, den Kopf hoch erhoben, steht sie in säulenhafter Geschlossenheit, und doch ist ihr Körper von schwellender Plastizität.

Das den Körper hauteng umschließende knöchellange Kleid betont durch seine Längsstreifung die Schlankheit der Figur; unter den Brüsten teilt es sich in zwei breite Träger, deren feine Musterung ebenso wie die Streifung des Kleides ursprünglich buntfarbig abgesetzt war. Das weite Dékolleté füllt ein siebenreihiger Halskragen mit Tropfenperlen, im Original wohl aus Fayence und Halbedelsteinen gearbeitet.

Die Zopfperücke umfließt weich das strenge Gesicht, dessen herber Charme durch den schmallippigen, scharf geschnittenen Mund, die straff gespannten Wangen und die hohen Jochbeine bestimmt wird. Die weit abstehenden, sehr unterschiedlich großen Ohren erinnern an die markanten Königsbildnisse der 12. Dynastie.

Ist diese ehrfurchtgebietende Frauengestalt eine Königin oder Göttin? Nur der ursprüngliche Zusammenhang kann diese Frage beantworten: Die Rückenplatte, für eine Einzelfigur ungewöhnlich, erlaubt die Ergänzung der Frauenstatue zu einer Doppelstatue; die wenig sorgfältige Ausführung der Rückseite der rechten Körperhälfte und des rechten Armes bestätigt diese Ergänzung.

Als Begleitfigur ist der König zu vermuten, neben dem selbständig, unabhängig, ohne Körperkontakt die Königin steht. Eine Göttin hätte wohl dem König die Hand gereicht oder ihn mütterlich umarmt.

Lit.: W. M. F. Petrie, Abydos, I, 1902, 33, Tf. LXX; H. G. Evers, Staat aus dem Stein, 1929, I, Tf. 51-52; II, 102-105, §§ 666-674, Tf. XII, Abb. 61.

Komm, wir wollen uns vergnügen und schlafen.
Das ist auch gut für dich:
Ich werde dir schöne Kleider machen.

Zweibrüder-Märchen

70

Statuette eines Mannes

Kairo, CG 758 = JE 21872
Holz, Reste von Bemalung
H. 18 cm, Br. 6 cm, T. 10 cm

Aus Sakkâra
Neues Reich, 19. Dynastie, um 1250 v. Chr.

Die einfache Schurztracht des Alten Reiches und der lange Schurz oder Mantel des Mittleren Reiches als die kaum differenzierte Kleidung des Mannes erfahren im Neuen Reich starke Veränderungen. Im Gefolge der Entwicklungen der weiblichen Mode tragen nun auch die Herren der feinen Gesellschaft lange, gebauschte Röcke aus plissiertem Leinen über einem gefältelten Untergewand, dazu hauchdünne Leinenhemden mit weiten Tütenärmeln und spitzem Halsausschnitt.

Das dunkelrotbraune Gesicht (Farbspuren) hob sich stark von dem ursprünglich grell weißen Gewand ab. Die etwas schlaffe, unentschlossen wirkende Körperhaltung und der ernste, fast mürrische Blick datieren die Figur in die Zeit nach Amarna, in den Beginn der ramessidischen Ära.

Lit.: Porter-Moss, Topographical Bibliography, III[2], 726; L. Borchardt, Statuen und Statuetten (CG), III, 98, Blatt 147.

Sieh, sie kommt dir entgegen,
die schöne Himmelsgöttin, dir entgegen,
mit ihren schönen Locken.

Pyramidentexte

71

Statuette der Henut-Nachtu

Kairo, CG 804 = JE 6056
Holz, bemalt und vergoldet
H. 22 cm, Br. 7 cm, T. 12 cm
Aus Sakkâra
Neues Reich, späte 18. Dynastie, um 1300 v. Chr.

Weich umspielt das plissierte Leinenkleid die zarte Gestalt der Henut-Nachtu, die mit ihrem großen Kopf und den kurzen Beinen fast noch kindlich wirkt. Die graziöse Stellung der Füße, die Bewegung der rechten Hand vor die Brust, wo sie einen kleinen Blumenstrauß hält, die leichte Wendung des Kopfes nach links aus der Körperachse verleihen der Figur Anmut und Leichtigkeit.
Über die mächtige, in ihrer feinen Löckchenstruktur aber nicht schwer wirkende Perücke ist ein Blütenkranz gelegt, ursprünglich vergoldet wie der dreireihige Halskragen. Auf dem Scheitel saß ein Salbkegel.

Lit.: Porter-Moss, Topographical Bibliography, III^2, 726; L. Borchardt, Statuen und Statuetten (CG), III, 101-102, Blatt 148; W. und B. Forman - M. Vilímková, Ägyptische Kunst, 1962, 64, Abb. 82.

Ich sage zu dir:
Lege das feinste Leinen
zwischen ihre Glieder.

Ostrakon Kairo

72

Statuette der Henut-udjebet

Kairo, CG 801 = JE 21855
Holz, bemalt
H. 25 cm, Br. 5 cm, T. 11 cm
Aus Sakkâra
Neues Reich, 19. Dynastie, um 1250 v. Chr.

Neben der jugendlichen Henut-Nachtu (Kat. 71) wirkt Henut-udjebet als reife Frau. Ihre Proportionen sind die des erwachsenen Menschen, die vollen Oberschenkel und die hängenden Brüste geben realistisch das der Jugendlichkeit entwachsene Alter der Frau an. Der Gesichtsausdruck ist von Lebenserfahrung gezeichnet, hat die unbekümmerte Heiterkeit der Jugend verloren.
Eine realistische, psychologisierende Studie von unmittelbar ansprechender Wirkung.

Lit.: Porter-Moss, Topographical Bibliography, III^{2}, 726; L. Borchardt, Statuen und Statuetten (CG), III, 99-100, Blatt 148.

Mit schweren Lenden und schmalen Hüften,
sie, deren Schenkel um ihre Schönheit streiten,
edlen Ganges; wenn sie auf die Erde tritt,
raubt sie mein Herz mit ihrem Gruß.

Papyrus Harris 500

73

Statue einer Königin

Kairo, CG 678
Kalkstein
H. 74 cm, Br. 25 cm
Herkunft unbekannt
Ptolemäerzeit, um 250 v. Chr.

Das reizvolle Wechselspiel von Körper und Gewand in den Frauenstatuen des Neuen Reiches (Kat. 71, 72) steht nur noch als ferne Reminiszenz hinter den Figuren ptolemäischer Damen. In Tracht, Schmuck und Emblemen halten sie sich zwar an die traditionellen alten Vorbilder, stehen aber stilistisch ganz unter dem Einfluß des Hellenismus.

Der formale Aufbau der Königinnenstatue orientiert sich am klassischen altägyptischen Schema des Rückenpfeilers, der strengen Symmetrieachse und reinen Vorderansicht. Der Königinnenwedel in der Linken, der Halskragen, die dreiteilige Zopfperücke und der Geierbalg sind ebenfalls alten Vorbildern entnommen.

Die prallen Rundungen der Brüste, die schlaff hängenden Schultern, der kurze Hals, das füllige Gesicht wirken trotz ihres Volumens kraftlos; der aufgeblasen erscheinenden Figur fehlt die innere Struktur; die altägyptische und hellenistische Komponente finden nicht zu einer Einheit zusammen. Das Kostüm der pharaonischen Königin ist zur Verkleidung der ptolemäischen Herrscherin degradiert.

Lit.: L. Borchardt, Statuen und Statuetten (CG), III, 23, Blatt 124; E. Drioton, Encyclopédie photographique de l'art. Le Musée du Caire, 1949, 45, Abb. 178; S. Donadoni, Egyptian Museum Cairo, 1969, 154-155.

Über dich frohlocken Frauen mit Kränzen und Mädchen mit Blumengebinden.

Tempelinschrift Medamud

74

GRABRELIEF

Kairo, JE 30199
Kalkstein, bemalt
H. 79 cm, Br. 55 cm, T. 26 cm

Aus Deir el-Berscheh,
Grab des Djehuti-hetep
Mittleres Reich, 12. Dynastie,
um 1850 v. Chr.

Die drei Töchter des Gaufürsten Djehuti-hetep, eines mittelägyptischen Kleinkönigs, haben sich im Grab ihres Vaters in geradezu königlichem Ornat abbilden lassen. Als »seine geliebten Töchter, die tun, was er lobt jeden Tag« stehen sie wie Prinzessinnen vor ihm, in hautengen weißen Kleidern, die die Brust unbedeckt lassen, geschmückt mit breiten Armreifen und trapezförmigen Pektoralen an mehrreihigen Perlenketten. In die Diademe sind Blüten und Knospen des blauen und weißen Lotos gesteckt. Die von Bändern umwundenen Perücken laufen in Zöpfe aus, deren eingedrehte Enden sich um eine Karneolscheibe winden.

Die linke Hand führt eine Lotosblüte an die Nase, der rechte Arm hängt gerade herab.

Der kostbare Schmuck und die elegante Kleidung stehen in eigenartigem Gegensatz zu den bäuerlich wirkenden Gesichtern der Damen, ein Mißverhältnis, das sich zwischen differenzierter Ikonographie und steifem Stil wiederholt. Dorfschönheiten, die sich herausgeputzt haben, Provinzadel, der höfische Lebensart kopiert.

Lit.: Porter-Moss, Topographical Bibliography, IV, 180; E. Terrace - H. Fischer, Treasures of the Cairo Museum, 1970, 77-80, Nr. 15, Tf. IV; J. Leclant (Hrsg.), Ägypten, I, 1979, Abb. 161; vgl. D. Wildung, Sesostris und Amenemhet, 1984, 156-158.

Du bleibst auf dem Kopf des Königs
und glänzt an seiner Stirn
in diesem deinem Namen »Zauberreiche«.

75

Diadem

Kairo, CG 52644 = JE 39674
Gold
Durchmesser 17 cm, Gewicht 104 g
Aus Theben-West, Grab 56
im Tal der Könige
Neues Reich, 19. Dynastie, um 1190 v. Chr.

An einem einfachen Goldreifen sind sechzehn Rosetten befestigt, die sich somit zu einem Blütenkranz zusammenschließen. Die Rosetten tragen die Namen Sethos' II. und seiner Gemahlin Ta-usret, so daß kein Zweifel besteht, daß dieses Diadem der Königin gehörte.

Das Nebeneinander der beiden Namen weist darauf hin, daß Ta-usret zu diesem Zeitpunkt nur königliche Gemahlin war, und läßt nicht erkennen, daß sie einen Aufstieg zur vollen königlichen Macht vor sich hatte, der mit dem der Hatschepsut vergleichbar ist: Nach dem Tod ihres Gemahls versieht sie für den noch jungen Thronfolger Siptah als »Regentin, groß an Gunst, Herrin der Liebenswürdigkeit, sehr Beliebte, Herrin von Ober- und Unterägypten, Große königliche Gemahlin, Herrin der Beiden Länder« die Regierungsgeschäfte, und als Siptah jung stirbt, nimmt sie die volle Königstitulatur an, löscht den Namen des Siptah, vereinnahmt seine Regierungsjahre für ihre eigene Regierungszeit und baut im Tal der Könige ihr Grab zu einem repräsentativen Königsgrab aus.

Ihre kurze Königsregierung endet mit der Machtergreifung des Sethnacht, des ersten Königs der 20. Dynastie, und die offizielle Geschichtsschreibung dieser Zeit leugnet die Legitimität der Ta-usret und vergleicht ihre Zeit mit den chaotischen Verhältnissen unter den Hyksos.

Der Fundort des Diadems spiegelt diese Ereignisse wider: Ein unbeschriftetes Grab, in dem allerhand verschleppte Grabausstattung aus Ta-usrets Grab versteckt war.

Lit.: Porter-Moss, Topographical Bibliography, I², 567; E. Vernier, Bijoux et orfèvreries (CG), 204, Tf. XLI; C. Aldred, Juwelen der Pharaonen, 1972, 233-234, Abb. 131. Zur historischen Situation: H. Altenmüller, in: Studien zu altägyptischen Kultur 10, 1983, 20-24.

Zurück, du Rebell!
Rê hat deine Anschläge zu Fall gebracht,
dein Herz ist von der Pantherkatze
herausgerissen.

Totenbuch, Kapitel 39

76

Gürtel

Kairo, CG 53075, 1-8 = JE 30879
Gold, Amethyst
L. 60 cm
Pantherköpfe: H. 5,3 cm, Br. 3,1 cm
Gesamtgewicht der Goldteile 175 g

Aus Dahschur, Grab der Königin Mereret
Mittleres Reich, 12. Dynastie,
um 1840 v. Chr.

Die Pantherkatze gehört zu den ältesten tierischen Erscheinungsformen des Göttlichen in der altägyptischen Religion und bleibt als Beschützerin der Menschen bis in späteste Zeit in Funktion. Die Pantherköpfe des Gürtels der Königin Mereret, der Gemahlin Sesostris' III., sind Stirn an Stirn paarweise und doppelseitig zusammengefügt, so daß die neun Goldelemente des Gürtels insgesamt 36 Pantherköpfe zeigen — ein reizvolles Zahlenspiel, in dem die definierte Vielzahl der Vier (z. B. vier Himmelsrichtungen) mit der Potenz der unbegrenzten Vielzahl der Drei multipliziert ist.

Die doppelten Pantherköpfe erinnern in ihrem Umriß an Kauri-Schnecken, die als Gürtel-Elemente aus demselben Schatzfund bekannt sind, eine wohl beabsichtigte Beziehung in nicht nur formaler, sondern auch inhaltlicher Hinsicht: Die Kaurischnecken-Gürtel werden von den »Konkubinen« getragen (vgl. Kat. 65).

Die Perlen zwischen den Pantherköpfen sind aus Amethyst hergestellt, dem im Mittleren Reich bevorzugt verwendeten Edelstein aus den Minen des Wadi el-Hudi südöstlich von Assuan.

Lit.: J. de Morgan, Fouilles à Dahchour, 1895, I, 65, Nr. 8, Tf. XXII; J. Leclant (Hrsg.), Ägypten, I, 1979, Abb. 240. Vgl. G. Brunton, Lahun I, The treasure, 1920, 31-32, Tf. II; H. E. Winlock, The treasure of el Lāhūn, 1934, 41-43, Tf. IX; C. Aldred, Juwelen der Pharaonen, 1972, 191, Abb. 37.

Gib Freude in das Herz der Menschen!
Wie freut sich das Gesicht, das dich sieht!
Amun, er ist täglich im Fest.

Besucherinschrift Theben

77

Pektoral

Kairo, JE 72171
Gold, Lapislazuli, Türkis
H. 8,2 cm, Br. 7,8 cm

Aus Tanis, Grab des Scheschonk
Dritte Zwischenzeit, 21. Dynastie, um 950 v. Chr.

Ein Lieblingsschmuckstück des Königs Scheschonk I.: Es wurde auf seiner Mumie in seinem Königsgrab in Tanis gefunden und ist doch mit Inschriften versehen, die noch aus der Zeit vor der Thronbesteigung des Königs stammen: »Möge Amun-Rê-Harachte den Himmel täglich befahren, um den großen Häuptling der Meschwesch, den Größten der Großen, Scheschonk, den Gerechtfertigten, zu beschützen, den Sohn des großen Häuptlings der Meschwesch Nemrot.« Je eine Lotosblüte und Lotosknospe vom unteren Rand des Pektorals fehlen; sie sind bereits im Lauf der Regierung des Königs verlorengegangen.

Das Pektoral spielt in seinen Motiven nicht auf den nachmaligen König an, sondern trägt ein allgemeingültiges Motiv: die Sonnenbarke. Sie fährt zwischen den Wappenpflanzen von Oberägypten (links) und Unterägypten (rechts) auf einem blauen Wasserstreifen und trägt die Sonnenscheibe, beschützt von den geflügelten Göttinnen Isis auf der linken und Maat auf der rechten Seite. »Amun-Rê-Harachte« lautet die Beischrift zum Gott, der in der Sonnenscheibe sitzt, in flachem Relief aus der Lapislazulischeibe geschnitten. Der gestirnte Himmel spannt sich über dem Bild, am Ost- und Westhorizont von Falken beschützt.

Die Motive der Vorderseite wiederholen sich auf der Rückseite in einfacher Ziselierung.

Trotz der motivlichen Vielfalt und Dichte der religiösen Aussage wirkt der Bildaufbau harmonisch, geschlossen und übersichtlich und läßt klar das Hauptmotiv hervortreten: Die Sonnenscheibe, die in der Obhut zweier göttlicher Frauengestalten den Himmel befährt.

Lit.: P. Montet, La nécropole royale de Tanis, II, 1957, 43-45, Nr. 219, Tf. XXVIII; E. Feucht-Putz, Die königlichen Pektorale, 1967, 185, Tf. XVI.59.

Deines Gesichtes Schönheit glänzt und leuchtet.
Du bist willkommen.
Vor deinem schönen Gesicht wird man trunken,
Gold! Hathor!

Thebanisches Grab Nr. 130

78

Hathorkopf

Kairo, JE 86781
Gold
H. 3,5 cm, Br. 2,7 cm

Aus Memphis, Grab des Hohenpriesters
und Prinzen Scheschonk
Dritte Zwischenzeit, 22. Dynastie,
um 850 v. Chr.

Oben auf die Mumie des Hohenpriesters und Königssohnes Scheschonk wurde der goldene Hathorkopf gelegt, bevor der schwere Steindeckel auf seinen Sarkophag geschoben wurde. Die Himmelsgöttin Hathor sollte über dem Toten schweben, die »Goldene«, Symbol des Lichtes, der Wärme, des Lebens.
Seit Beginn der Geschichte, um 3000 v. Chr., erschien sie dem Ägypter in Menschen- und Tiergestalt, als Frau und als Kuh, meist jedoch in der Mischgestalt des Frauengesichts mit Kuhohren. Sie ist die himmlische Mutter, die die Sonne gebiert und Leben schafft, sie ist die Liebesgöttin, der Inbegriff jugendlicher Schönheit. »Herrin der Freude, der Musik und der Liebe« sind ihre Epitheta, und in dieser so menschennahen Funktion ist sie überall in Ägypten und selbst im Ausland zu Hause, im Sinai, in Byblos, in Timna am Golf von Akaba.
Als »Herrin des Tanzes und Herrin der Trunkenheit« hilft sie, in Ekstase und Rausch die Grenzen zwischen Mensch und Gott aufzuheben, eine geheimnisvolle Zauberin, aus deren lieblichem Gesicht unergründliche Augen blicken.
Das Goldköpfchen, an zwei Ösen als Amulett zu tragen, konzentriert in sich das ganze Mysterium der Weiblichkeit, ist gleichzeitig voll diesseitiger Schönheit und entrückter Magie.

Lit.: Ah. Badawy, in: ASAE 54, 1957, 177, Tf. III B.XV F.

Göttinnen

Die altägyptische Götterwelt spiegelt in ihrer Struktur irdische Realität wieder. Der politischen Gliederung des Landes in Gaue entsprechen die Gaugötter; die Stellung des Pharao als höchster irdischer Instanz findet sich wieder in der Bezeichnung des Reichsgottes Amun-Rê als »König der Götter«, und die Vielfalt menschlicher Tätigkeiten überträgt sich auf die speziellen Funktionsbereiche der einzelnen Göttergestalten, die den Schutz bestimmter Berufe übernommen haben.
Eines der häufigsten Gliederungsschemata des ägyptischen Pantheons ist die Familienstruktur nach irdischem Vorbild. Gott und Göttin vereinigen sich zum Götterpaar, dem das göttliche Kind entspringt. Vielfach ist diese Einteilung einer vielgestaltigen und vielnamigen Göttergesellschaft an den verschiedenen religiösen Zentren belegt. Ptah und Sachmet mit ihrem Sohn Nefertem in Memphis, Horus und Hathor mit dem Götterkind Ihi in Dendera und Edfu, Amun-Rê und Mut mit Chons als Abkömmling sind in der kultischen Realität der Tempelbauten nur die bekanntesten Beispiele, zu denen sich in der Mythologie Altägyptens in der göttlichen Familie Isis-Osiris-Horus eine Trinität gesellt, die über Ägypten hinaus in die antike Welt und ins Christentum gewirkt hat.
Die Götterwelt spiegelt irdische Realität — dieses Phänomen muß aus altägyptischer Sicht in seiner Kausalität umgekehrt werden: Irdische Realität ist der Abglanz himmlischer Wirklichkeit. Die hervorragende Stellung der Frau in der ägyptischen Gesellschaft ist vorgeprägt in der Qualität und Quantität weiblicher Präsenz in der Götterwelt. Viele — darunter gerade die politisch bedeutendsten — Gaue Ägyptens verehren als höchste göttliche Instanz eine Göttin: Neith von Sais, Uto von Buto und Nechbet von Elkab vertreten im Pantheon die politischen Zentren Unter- und Oberägyptens; Satet und Anuket von Elephantine sind die Garantinnen der Südgrenze bei Assuan, Hathor von Dendera ist als »Herrin der Beiden Länder« in ihrem gewaltigen Tempelkomplex die göttliche Regentin Ägyptens, und Isis trägt von ihrem Tempel bei Beh-

beit el-Hagar im Delta, dem »Iseum«, und von ihrer Tempelstadt auf der Insel Philae im äußersten Süden des Landes die ägyptische Religion und mit ihr ägyptische Zivilisation, Kultur und Kunst über die Grenzen des Nillandes nach Norden in den mediterranen und abendländischen sowie nach Süden in den ostafrikanischen Raum.

Die wenig aggressive, kaum je wirklich expansive oder gar imperialistische Grundhaltung altägyptischer Politik mag der Grund dafür sein, daß so viele bedeutende Zentren des Nillandes sich von einer weiblichen Gottheit angemessener repräsentiert sehen als von einem Gott. Der äußerst hohe Stellenwert der sozialen Kleingruppe, insbesondere der Familie, trägt zur Dominanz der weiblichen Götter bei. Entscheidend aber wird die Rolle der Göttinnen in der ägyptischen Götterwelt von der Priorität der Ewigkeit gegenüber der irdischen Vergänglichkeit, der Dauer und Wiederholung gegenüber der Einmaligkeit bestimmt. Das stete Neuentstehen von Leben aus dem Mutterleib wird vom Ägypter als Überwindung des steten Absterbens allen Lebens empfunden, ja sogar in eine für modernes Denken schwer nachvollziehbare gegenseitige Abhängigkeit gebracht: Das Sterben ist die Voraussetzung des Lebens, oder: das ewige Leben ist die Konsequenz des Todes.

Bei dieser zentralen Stellung der Frau in der ägyptischen Religion als Garantin des Lebens nimmt es nicht Wunder, daß Göttinnen, nicht Götter, auch lebenerhaltende Funktionen übernehmen, die so gar nicht weiblich erscheinen: Kampf und Krieg als politische Ordnungsmechanismen unterstehen der Göttin Sachmet, und die kultur- und zivilisationstragende Rolle der Schrift wird von der Göttin Seschat repräsentiert. Das ägyptische Königtum schließlich ist fest in der Hand der Göttinnen. Von den Triaden des Mykerinos über die Statuengruppen der Ramessiden bis zu den Tempelreliefs von Dendera reichen — um nur bildliche Quellen heranzuziehen — die Belege für das eindrucksvolle Motiv des von Göttinnen geführten Königs, der aus der Geborgenheit ihres mütterlichen Schutzes heraus Kraft und Mut zu seinem historischen Handeln findet.

Lit.: H. Bonnet, Reallexikon der ägyptischen Religionsgeschichte, Berlin 1952; W. Westendorf, Das Alte Ägypten, Baden-Baden 1968; E. Hornung, Der Eine und die Vielen, Darmstadt 1971; Stichworte der Göttinnen-Namen im Lexikon der Ägyptologie.

Die Tore des Himmels sind offen,
eine Gottheit zieht aus.
Sieh, die Goldene ist gekommen!

Thebanisches Grab Nr. 60

79

Aegis

Kairo, 26/2/19/5
Bronze
H. 39 cm, Br. 26 cm, T. 35 cm

Herkunft unbekannt
Spätzeit, 25./26. Dynastie,
um 700-600 v. Chr.

An Bug und Heck der Götterbarken, in denen das Götterbild bei Prozessionen reiste, waren Verzierungen angebracht, die die jeweilige Gottheit in Form einer Aegis zeigten, eines Götterkopfes, der in einen halbrunden Halskragen eingesetzt ist. Reduziert auf den Kopf zeigt sich die Gottheit nach außen, ähnlich den Hathorköpfen, die an Front und Rückseite des Hathortempels von Dendera an der Außenwand angebracht sind, während die Gottheit selbst im Allerheiligsten verborgen bleibt.

Aber ist überhaupt Hathor dargestellt? Ihr tierischer Aspekt ist im hochaufragenden Kuhgehörn vertreten, aber dieses Gehörn trägt auch Isis. Der Uräenkranz und die Geierhaube sind häufige Embleme der Mut, der Gemahlin Amuns. Die Identität der Göttin wird durch den rückwärtigen Teil der Aegis geklärt, eine durchbrochen gearbeitete Bronzeplatte in Form des Gegengewichts eines Halsschmucks, eines »Menit«, das mit einem Scharnier am vorderen Teil der Aegis befestigt ist. In einem Naos, der von Hathorsäulen getragen wird, steht eine Göttin mit Kuhgehörn und Sonnenscheibe, die einem König die Brust reicht. Kleiner als die Göttin abgebildet, als Kind also, trägt der König doch die Blaue Krone. Vor dem Naos steht betend ein kahlköpfiger Priester im langen Plisseegewand. Im unteren Rund des Menits hockt die Göttin mit Kuhgehörn und Sonnenscheibe auf einer Lotosblüte. Eine ganze Schöpfungslehre ist hier ausgebreitet: Die aus dem Urozean entstehende Göttin gibt ihre Schöpferkräfte an den irdischen König weiter, der, von der Göttin gesäugt, die Menschen belebt. Stilistisch eindeutig in den Umkreis der Kuschitenzeit gehörig, dürfte diese Aegis dem Bereich von Karnak zuzuweisen sein und somit wohl Mut, die Gemahlin des Amun, darstellen. Die Inschriften sind zu zerstört, um eine klare Lesung zu ermöglichen.

Der kostbare siebenreihige Halskragen mit Blüten- und Tropfenmustern, seitlich eingefaßt von Uräusfriesen, trägt zwei Falkenköpfe, die beim wirklich getragenen Halskragen als Verschluß dienten. In den Brustausschnitt ist ein geflügelter Skarabäus ziseliert.

Lit.: Unveröffentlicht. Vgl. G. Roeder, Ägyptische Bronzefiguren, 1956, 465-473.

Ich zeige deine Majestät als Herrn der Strahlen,
so daß du leuchtest in ihren Gesichtern
als mein Ebenbild.

Stele Thutmosis' III.

80

Gruppenstatue

Kairo, CG 555
Granit
H. 174 cm, Br. 118 cm, T. 102 cm
Aus Koptos, Tempelbezirk des Min
und der Isis
Neues Reich, 19. Dynastie, um 1250 v. Chr.

Ramses II. im klassischen Ornat ägyptischer Könige, dem Schurz, dem Königskopftuch und dem Königsbart, sitzt zwischen zwei Frauengestalten, die nur durch zwei unscheinbare, aber signifikante Details als Göttinnen erkennbar sind: Sie halten in ihrer Rechten das Lebenszeichen und tragen über ihrer Stirn die Uräusschlange. Allerdings ist das Erscheinungsbild aller drei Figuren unvollständig. Wie sich aus Dübellöchern auf dem Scheitel und mehr oder weniger starken Abflachungen des Schädels ergibt, trugen sie Kronen oder sonstige Kopfaufbauten.

Die Identität der Göttinnen ist aus der Ikonographie nicht zu erschließen; sie verkörpern das Weibliche, Mütterliche schlechthin, in dessen Mitte sich der König geborgen weiß, aus dessen Mitte er herauswächst. Erst die Hieroglypheninschriften der Seiten- und Rückflächen der Gruppenstatue benennen die Göttinnen: »Isis, die Große, die Gottesmutter und Herrin der Beiden Länder« sitzt zur Rechten des Königs, »Hathor-Nebet-Hetepet, Herrin des Himmels« zu seiner Linken.

»Ich bin deine Mutter, groß an Zauberkraft, ich habe Platz genommen an deiner Stirn für ewig«, sagt Isis und identifiziert sich mit der schützenden Uräusschlange, die den König beständig begleitet.

»Ich bin deine Mutter, die deine Vollkommenheit geschaffen hat, um Millionen von Regierungsjubiläen wie (der Gott) Tatenen zu verbringen«, fügt Hathor hinzu.

Die beiderseits des Kopfes und der Beine angebrachten Königsnamen Ramses' II. werden ihm gewissermaßen von seinen beiden göttlichen Müttern zugereicht; er erhält aus ihren Händen sein Königsamt.

Lit.: Porter-Moss, Topographical Bibliography, V, 125; W. M. F. Petrie, Koptos, 1896, 15.25, Tf. 17; L. Borchardt, Statuen und Statuetten (CG), II, 102-103, Blatt 93; J. Vandier, in: Revue d'Egyptologie 16, 1964, 81.

Dir zum Wohle, Renenutet,
gib Speise und Nahrung!

Thebanisches Grab Nr. 90

81

Stele

Kairo, JE 72257
Kalkstein

Aus Gisa
Neues Reich, 18. Dynastie, um 1390 v. Chr.

Lit.: Porter-Moss, Topographical Bibliography, III[2], 38; S. Hassan, The Great Sphinx and its secrets, 1953, Tf. XLVII; J. Brookhuis, De godin Renenwetet, 1971, 39.61-62.76, Tf. 10; M.-O. Jentel, in: Classical Views XXVIII, N. S. 3, 1984, No. 2, 283-289.

Gerade der Begriff der Fruchtbarkeit hat seinen bildlichen Ausdruck häufig in weiblichen Göttergestalten gefunden. Renenutet, die »Nährschlange«, erscheint schlangengestaltig oder als Frau mit Schlangenkopf. Nie zu den großen Göttern gehörig, ist sie doch im Neuen Reich ein beliebtes Objekt der Volksfrömmigkeit, bleibt als Thermuthis in hellenistisch-römischer Zeit bekannt und wird in der christlichen Legende zur Tochter des Pharao, die den kleines Moses findet und aufzieht.

Die Stele aus Gisa stammt aus der unmittelbaren Umgebung des Sphinx, wo sich beim Volk beliebte Gebetsstätten befanden. Thutmosis IV. hat dort ein kleines Heiligtum eingerichtet, auf dessen Stelen er vor verschiedenen Gottheiten opfert. Diese Stelen sind ein Angebot, eine Aufforderung an einfache Leute, sich im Gebet an den König und über ihn als Vermittler, als »Heiligen«, an die Götter zu wenden.

Seschat, die Schreiberin, die dem Haus der Gottesbücher vorsteht.

Tempelinschrift Deir el-Bahari

82

Stele

Kairo, JE 72258
Kalkstein
H. 65 cm, Br. 42 cm, T. 9 cm
Aus Gisa
Neues Reich, 18. Dynastie, um 1390 v. Chr.

Lit.: Porter-Moss, Topographical Bibliography, III², 38; S. Hassan, The Great Sphinx and its secrets, 1953, Tf. XLIVa.

Sieben verschiedene Gottheiten betet Thutmosis IV. auf einer einheitlichen Serie von Stelen (vgl. Kat. 81) an, die er beim Gisa-Sphinx aufstellen läßt. Hier hat er, wie aus der Inschrift der großen Granitstele zwischen den Sphinxtatzen hervorgeht, im Traum seine Berufung ins Königsamt erfahren, hier ist für ihn eine Stelle, wo Gott unmittelbar präsent ist, und diese Gottespräsenz vermittelt er an die frommen Beter, die zu seinem Stelenbild beten, in dem er den Kontakt zur Gottheit herstellt.

Sein Weinopfer gilt Seschat, der »Herrin der Schrift«. Sie trägt über dem Frauengewand ein Pantherfell, den Kopfputz bildet das Schriftzeichen ihres Namens.

Sicherlich deutet die Frau als göttliche Hüterin der Schrift darauf hin, daß die Kenntnis von Lesen und Schreiben keineswegs ein männliches Privileg war.

Ein Opfer für Hathor,
die Herrin des Westens,
die Herrin des Himmels,
die Herrin der beiden Ufer.

Stele British Museum 278

83

Grabrelief

Kairo, 3/7/24/2
Kalkstein, bemalt
H. 82 cm, Br. 75 cm, T. 15 cm

Aus Sakkâra, nahe der Teti-Pyramide
Neues Reich, 18. Dynastie, um 1320 v. Chr.

Die mütterliche Rolle der Hathor äußert sich nicht nur gegenüber den Lebenden, sondern wirkt auch für die Toten. »Hathor, Herrin des Westens«, das ist die Nekropolengöttin, und so trägt sie in dem Grabrelief als Kopfputz das Schriftzeichen des Westens. Das Lebenszeichen in ihrer Linken und der Papyrusstengel in der Rechten sind Symbole der Erneuerung, und so erhofft sich die Betende, die mit erhobenen Händen vor Hathor am Opfertisch steht, von der jugendlich schlanken Göttin jenseitiges Leben.

Die Körperbildung beider Frauenfiguren ist deutlich differenziert: Realistisch die etwas füllige Gestalt und die tief ansetzende Brust der Beterin, idealisierend die feingliedrige Göttin. Irdische Realität drängt im Gebet zu göttlicher Vollkommenheit.

Lit.: Porter-Moss, Topographical Bibliography, III², 557; J. E. Quibell - A. G. K. Hayter, Teti Pyramid North Side, 1927, 37, Tf. 37; W. und B. Forman - M. Vilímková, Ägyptische Kunst, 1962, Abb. 79.

Hathor, Herrin der südlichen Sykomore,
Gebieterin der Männer, Herrin der Frauen,
sie hört auf die Gebete.

Statueninschrift Kairo

84

Statuette der Hathor

Kairo, CG 38979
Bronze
H. 20 cm, Br. 4 cm, T. 5 cm
Herkunft unbekannt
Spätzeit, 25./26. Dynastie, um 700-600 v. Chr.

Die Vielzahl der Äußerungsformen göttlichen Wirkens bedingt eine Vielzahl von Erscheinungsformen. So unerschöpflich das Wirken der Götter ist, so unendlich sind die Varianten der Götterbilder.
Der Kopfputz der Hathor-Statuette zeigt über dem Uräenkranz zusätzlich zur gewohnten Sonnenscheibe im Kuhgehörn auch noch die Doppelfeder des memphitischen Ptah. Die sehr rundlichen Körperformen datieren die Statuette in die späte 25. oder frühe 26. Dynastie, eine Epoche, deren Kunst von den kuschitischen Fremdherrschern aus dem Sudan beeinflußt ist.

Lit.: G. Daressy, Statues de divinités (CG), 248, Tf. XLIX.

Dein Gesicht ist umgewendet,
dein Gesicht ist gewachsen,
deine beiden Hörner sind gewachsen.

Sargtexte

85

Statuette der Hathor

Kairo, CG 39134 = JE 75
Bronze, Vergoldung
H. 27 cm, Br. 5 cm, T. 8 cm

Aus Sakkâra, Serapeum
Spätzeit, 600-500 v. Chr.

Haltung und Kopfputz der Bronzestatuette entsprechen der vorhergehenden Figur (Kat. 84). Nur der Kuhkopf stellt eine Variante dar und betont die tierische Erscheinungsform der Himmelsgöttin.
Die schlankeren Proportionen datieren die Statuette in die Saiten- oder Perserzeit; es gibt also keine Entwicklung von der Tierfigur zur reinen Menschengestalt; vielmehr bestehen alle Erscheinungsformen des Göttlichen gleichrangig nebeneinander.

Lit.: G. Daressy, Statues de divinités (CG), 280, Tf. LIV.

Du diese Katze,
dein Kopf ist der Kopf des Re . . .
Du diese Katze,
deine Pfoten sind die Hände
der großen Neunheit
und der kleinen Neunheit.

Metternichstele

86

Statuette der Bastet

Kairo, CG 38991 = JE 7215
Bronze, Goldeinlagen
H. 14 cm
Aus Sakkâra, Serapeum
Spätzeit, 600-500 v. Chr.

Der schlanke Körper der Göttin ist in ein reich gemustertes Gewand gehüllt, aus dessen Halsabschluß der Katzenkopf ragt. Bastet, die Löwengöttin, tritt seit der Spätzeit meist in der gezähmten Version der Katze auf und fungiert als Beschützerin von Frau und Kind.
In ihrer Rechten hielt sie ein Sistrum, die Linke hält eine Aegis (vgl. Kat. 79) mit Katzenkopf vor den Leib; am linken Ellenbogen hängt ein Korb. Aus der wilden Löwengöttin ist eine fast possierliche Erscheinung geworden. Die besondere Verbindung der Bastet zur Frau spricht noch aus Herodots Bericht über die Feste in Bubastis, dem Hauptkultort der Bastet im Ostdelta, wenn er erzählt, wie sich die Frauen vor der Göttin entblößen, sicherlich um von ihr Fruchtbarkeit und glückliche Geburt zu erbitten.

Lit.: G. Daressy, Statues de divinités (CG), 251, Tf. L.

Da kehrte diese Göttin wieder zurück, nachdem sie die Menschen in der Wüste geschlachtet hatte.

Grabinschrift Sethos' I.

87

Statue der Sachmet

Kairo, CG 39063
Granit
H. 205 cm, Br. 54 cm, T. 97 cm

Aus Karnak, Tempel der Göttin Mut
Neues Reich, 18. Dynastie, um 1380 v. Chr.

»Sachmet, Herrin des Schreckens« steht beiderseits auf der Sitzvorderseite der monumentalen Statue der löwenköpfigen Göttin. Damit ist der wichtigste Wesenszug dieser Göttin beschrieben, die mehr als jeder männliche Gott des ägyptischen Pantheons kriegerische Züge trägt.
Der Löwenkopf bringt die Gefährlichkeit des am meisten gefürchteten Tieres des ägyptischen Lebensraumes zum Ausdruck, obwohl es ein friedlicher Löwe ist, der als Beschützer des ägyptischen Reiches lebenerhaltende, lebenspendende Funktion ausübt, wie das Lebenszeichen in der Linken deutlich zeigt.
Die Sonnenscheibe als Kopfputz verweist auf Sachmets Nähe zu Rê, denn als kämpferische Göttin erhält sie im ägyptischen Mythos den Auftrag, die aufsässige Menschheit zu vernichten; und wie sie für die Götter streitet, so begleitet sie auch den König des Neuen Reiches in den Kampf. Als Gemahlin des Ptah von Memphis, der alten Reichshauptstadt, verschmilzt sie mit Mut, der Gemahlin des Reichsgottes Amun von Karnak, und dort, im Tempel der Mut, sind die monumentalen Sachmet-Statuen in großer Zahl aufgestellt gewesen.
Der altägyptische Künstler hat es verstanden, nicht nur Menschen- und Tiergestalt glaubwürdig zu verbinden, sondern auch Männliches mit Weiblichem zu kombinieren, denn auf dem Frauenkörper sitzt ja der Kopf eines männlichen Löwen mit seiner charakteristischen Mähne. Dominant im Gesamtbild ist ohne Zweifel die weibliche Komponente, die Frau als Verkörperung von Streitbarkeit und Verteidigungsbereitschaft, von Unerschrockenheit und Mut.

Lit.: Porter-Moss, Topographical Bibliography, II^2, 264; G. Daressy, Statues de divinités (CG), 265, Tf. LI; Ph. Germond, Sekhmet et la protection du monde, Genf 1981.

O mein Vater Atum im Dunkel,
nimm mich an deine Seite,
auf daß ich für dich ein Licht anzünde
und dich beschütze.

Pyramidentexte

88

Statuette der Neith

Kairo, CG 38953 = JE 7057
Bronze
H. 22 cm

Aus Sakkâra
Spätzeit, frühe 26. Dynastie, um 650 v. Chr.

Der Hauptkultort der Göttin Neith, Sais im Nildelta, wird in der 26. Dynastie Hauptstadt Ägyptens, und dadurch erfährt die Göttin, die schon im Alten Reich dem Königtum eng verbunden war, eine Renaissance und steigt zu einer der großen Göttinnen auf. Ihr Epithet »Vater der Väter, Mutter der Mütter« weist auf ihren Urgottaspekt und auf ihre Zweigeschlechtlichkeit hin. Aber nur selten ist sie androgyn dargestellt; ihre geläufige Erscheinungsform ist die einer Frau, die die Krone Unterägyptens trägt, eine Kronenform, die wohl letztlich auf die Form des Uterus zurückzuführen ist.

Lit.: G. Daressy, Statues de divinités (CG), 242, Tf. XLVIII.
Zur Krone: D. Wildung, in: Studien zu Sprache und Religion Ägyptens, Festschrift W. Westendorf, 1984, 967-980.

Siehe, Astarte . . .
die Tochter des Ptah,
die wütende, schreckliche Göttin.

Papyrus Amherst

89

OSTRAKON

Kairo, CG 25125

Kalkstein, bemalt, H. 25 cm, Br. 38 cm

Aus Theben, Grab Nr. 9 im Tal der Könige

Neues Reich, 20. Dynastie, um 1130 v. Chr.

Lit.: G. Daressy, Ostraca (CG), 24, Tf. XXIV; J. Leclant, in: Lexikon der Ägyptologie, I, 502; W. Forman - H. Kischkewitz, Die altägyptische Zeichnung, 1971, Tf. 5.

Das ägyptische Pantheon stand steter Erweiterung und Veränderung von Göttergestalten und Götternamen offen, war nie eine endgültig abgeschlossene Definition des Göttlichen. Auch ausländische Einflüsse haben das Gottesbild verändert. Unter den vorderasiatischen Gottheiten, die in Ägypten Eingang gefunden haben, ragt Astarte heraus, die als Kriegsgöttin viele Züge der Sachmet verkörpert, sie aber weniger zivilisiert, also unmittelbarer, bedrohlicher darstellt. Sie erscheint selbst im Streitwagen und greift mit Pfeil und Bogen ins Kampfgeschehen ein; im unteren Bildfeld des Ostrakons sind Feinde zu erkennen, die von den Pfeilen der Göttin durchbohrt sind. Offenbar sind auch Ägypter unter ihnen, und bei näherem Zusehen zeigt sich, daß Astartes Gegner rechts oben, ebenfalls vom Streitwagen aus kämpfend, der ägyptische Pharao ist. Die Deutung und Bedeutung dieser Szene als Systemkritik ist klar: Der Zeichner formuliert eine politische Vision, den Sturz des am Ende der Ramessidenzeit korrupt und unfähig gewordenen Königshauses. Als göttliche Helferin in diesem gedachten, erträumten Befreiungskampf ist Astarte, die Göttin aus der Fremde, eine »dea ex machina«.

Ich rühme die Gebieterin des Himmels,
ich künde das Lob der Hathor
und den Ruhm der Herrin.

Papyrus Chester Beatty I

90

Säule

Kairo, 22/12/20/2
Basalt
H. 235 cm, Br. 47 cm, T. 46 cm
Aus Alt-Kairo (sekundär verbaut)
Spätzeit, 26. Dynastie, um 580 v. Chr.

Aus einem kleinen Tempel in Sais stammt nach Aussage der Inschriften (»Apries, geliebt von Neith, der Herrin von Sais«) die Basaltsäule; zwei Säulenfragmente aus demselben Tempel sind wie diese Säule wieder verbaut in Kairo entdeckt worden.

Obwohl in den Texten Neith genannt wird, zeigt das Säulenkapitell allseits (Rückseite heute zerstört) den Kopf der Hathor (vgl. Kat. 78), über dem, von stilisierten Kuhhörnern flankiert, sich eine Tempelfassade erhebt. Die ganze Säule wird damit zu einem riesenhaften Sistrum (vgl. Kat. 46). Die Austauschbarkeit der Namen, Gestalten und Funktionen der Göttinnen wird dadurch nachdrücklich unterstrichen. Wesentlich ist das weibliche Geschlecht, das die beiden Göttergestalten verbindet und wesensähnlich, fast wesensgleich werden läßt.

Lit.: Porter-Moss, Topographical Bibliography, IV, 48;
G. Daressy, in: Annales du Service des Antiquités de l'Egypte 2, 1903, 239; H. Gauthier, in: Annales du Service des Antiquités de l'Egypte 22, 1922, 199.

Deine Mutter Nut,
ihre Arme sind um dich in Leben und Heil,
auf daß sie dich bewahre
und deinen Schutz wiederhole,
täglich, Tag für Tag.

Thebanisches Grab Nr. 279

91

Sarkophagboden

Kairo, JE 8390
Schiefer
H. 188 cm, Br. 61 cm, T. 17 cm
Aus Sakkâra
Ptolemäerzeit, 300 bis 200 v. Chr.

Wie der Mensch aus dem Mutterleib ins Leben tritt, so kehrt er bei seinem Tod in den mütterlichen Leib einer Göttin zurück. Nut, die Himmelsgöttin, die am Abend die Sonne verschluckt und am Morgen von neuem gebiert, übernimmt zumeist diese Funktion. Auf der Innenseite des Sargbodens des Haremhab ist die Himmelsmutter durch ihren Kopfputz als »Imentet«, das heißt als Göttin des Westens, der Nekropole, bezeichnet.
Einladend breitet sie ihre Arme aus, den Toten zu empfangen, sich mit ihr zu vereinigen und aus dieser Verbindung eines Menschen mit einer Göttin heraus in seinen Nachfahren fortzuleben.
Statt eines Kleides trägt die Göttin unter ihren bloßen Brüsten religiöse Texte. Ihre Füße stehen auf dem schen-Ring, dem Zeichen ewiger Wiederkehr. Durch seine Dekoration wird der Sarg zum Abbild der Göttin, in deren Leib der Tote eingeht, um aus ihm neu geboren zu werden.

Lit.: Porter-Moss, Topographical Bibliography, III^2, 764;
A. Piehl, Inscriptions hiéroglyphiques, III, 1895, 36-47,
Tf. IL-LXIX; M.-L. Buhl, The late Egyptian anthropoid stone sarcophagi, 1959, 41-44, Ea 4, Tf. II.

Die Frau in der Kunst

Strenge, Emotionslosigkeit, Unpersönlichkeit sind Stichworte, die gerne zur Charakterisierung altägyptischer Kunst gebraucht werden, die aber die Kunst des Pharaonenreiches höchst unzulänglich und damit falsch beschreiben.
Kaum ein anderes Thema als das der Frau wäre besser geeignet, diese Vorurteile zu widerlegen. Neben der Vermittlung inhaltlicher Aussagen sind die Frauendarstellungen in ihrer Stilistik, in ihrer Ästhetik Dokumente einer Kunst, die das Hohelied des Individuums anzustimmen wußte und die gerade in der Darstellung der Frau die Notwendigkeit sah, die Grundtypen des Menschenbildes zu differenzieren, um dem besonderen Charakter des Vorbilds gerecht zu werden.
Frauenbildnisse gehören zu den eindrucksvollsten Schöpfungen der altägyptischen Kunst, und Frauendarstellungen sind es, in denen der ägyptische Künstler Emotionen sichtbar macht, bei den Trauernden, den Tanzenden, den Liebenden; in den Figürchen der Schwimmerinnen und Konkubinen versteht er die erotische Spannung zwischen Mann und Frau in einer Geste, einer Nuance der Haltung anzudeuten, und in den Gruppenstatuen schafft die Figur der Frau die Atmosphäre der Intimität, stets indirekt, verschlüsselt, mehrdeutig und dadurch schillernd, vibrierend.
Der Mann tritt in der ägyptischen Kunst nur in einem einzigen Themenzusammenhang aus der emotionslosen Zurückhaltung heraus, im Kampf, im Schlachtenbild. Die dem Wesen der Frau eigene Betonung des Emotionalen ist ein Wesenszug des Frauenbildes; bald verhalten und kaum wahrnehmbar, bald in intensivem Gefühlsausdruck setzt sich das

Frauenporträt über die idealisierende Grundtendenz der ägyptischen Kunst hinweg und zeigt dadurch an, daß die Frau stärker als der Mann individuelle Persönlichkeit, mehr Mensch ist, nicht in erster Linie Funktionsträgerin. Damit macht das Frauenbild einen Grundzug ägyptischer Kunst sichtbar, das Spannungsverhältnis von Individualismus und allgemein gültiger Regel, einen Grundzug, der für altägyptische Kultur und Politik ganz allgemein gilt, den Gegensatz von Mensch und Masse, Bürger und Staat. Wenn es die ägyptische Kunst versteht, das Unverwechselbare, stets von neuem Faszinierende der Frau einzubetten in ein allgemein gültiges, zeitloses Menschenbild, dann ist sie im Frauenbild ein Spiegel des Ausgleichs, des spannungsvollen, aber ausgewogenen Verhältnisses der Geschlechter.

Den Menschen in seiner Zeit, zugleich aber aus ihr gelöst als Einzelnen darzustellen, hat der ägyptische Künstler gerade im Frauenbildnis meisterhaft reasiliert. In einer Epoche, in der die Frau in höchster staatlicher Position dominierte, in der Amarnazeit, hat sich gar das Menschenbild einer ganzen Generation am individuellen Aussehen der Königin orientiert: Zu Nofretetes Zeiten sind in der bildenden Kunst die Grenzen zwischen den Geschlechtern aufgehoben, und am Hof und im Volk ist der Porträttyp der Königin das verbindliche Erscheinungsbild aller Menschen.

Im Bild der Frau erfahren wir mehr von der Lebenswirklichkeit und Mentalität der alten Ägypter als im Königsbildnis, im Frauenporträt scheint die Zeitspanne von Jahrtausenden aufgehoben zu sein, die uns von der Gegenwart Altägyptens trennt.

Lit.: M. Ahren, Das Weib in der antiken Kunst, 1924, 1-28; H. G. Evers, Staat aus dem Stein, München 1929; G. Roeder, Statuen ägyptischer Königinnen, Leipzig 1932; J. Vandier, Manuel d'archéologie égyptienne, III, Paris 1958; B. Hornemann, Types of ancient Egyptian statuary, I-VII, Kopenhagen 1951-1969; Cl. Vandersleyen (Hrsg.), Ägypten (Propyläen Kunstgeschichte), Berlin 1975; J. Leclant (Hrsg.), Ägypten, I-III (Universum der Kunst), München 1980-1981; N. Broude - M. D. Garrard (Hrsg.), Feminism and art history, New York 1982.

Wende dich um, erhebe dich, erwache!
Öffne deine Augen, höre meine Stimme!
Ich möchte mich hinlegen,
ich möchte die Bahre sein, die dich trägt.

Thebanisches Grab

92

Grabrelief

Kairo, 21/6/24/12
H. 58 cm, Br. 122 cm, T. 17 cm
Aus Sakkâra, Grab des Ipuja
Neues Reich, späte 18. Dynastie, um 1320 v. Chr.

Vor der Grabfassade ist die Trauergemeinde zusammengekommen, um Abschied zu nehmen vom »Aufseher der Werkstätten und Obergoldschmied« Ipuja, dessen Mumie zwischen Blumensträußen und Opfertisch aufgestellt ist. Die männlichen Teilnehmer vollziehen Wasserspende und Räucherung oder stützen in gemessener Trauergeste das Kinn mit der Hand. Die rechts anschließende Gruppe der Klagefrauen hingegen gibt ihrem Schmerz intensiveren Ausdruck in der typischen Gebärde der vor und über den Kopf erhobenen Hände.

Insbesondere ist es aber Nefertari, die Witwe des Ipuja, die ihrem Schmerz ungehemmten Lauf läßt. Mit ihrer Rechten umfaßt sie die Mumie ihres Gemahls, die Linke ist zur Stirn geführt; die kauernde Haltung, aus der Ordnung des Stehens oder Sitzens herausgenommen, ist ebenso Ausdruck der Trauer wie das schmerzerfüllte Gesicht.

Nur der Frau steht es an, ihre Beherrschung zu verlieren, ihre zutiefst persönlichen Reaktionen nach außen dringen zu lassen, ohne ihr Gesicht zu verlieren. In der Darstellung der Frau macht der ägyptische Künstler Emotionen sichtbar, hier eröffnet sich ihm das Feld psychologisierender Darstellungsweise in vollem Umfang.

Die späte 18. Dynastie, der das Relief zuzuweisen ist, bringt diesen Aspekt ägyptischer Kunst mit besonderer Deutlichkeit zum Ausdruck, da sich in ihr die individualistischen Tendenzen der Amarnazeit vollenden. In der anschließenden Ramessidenzeit tritt demgegenüber ein steifer emotionsloser Stil in den Vordergrund, wie er sich in dem bislang unbemerkt gebliebenen Relief auf der Rückseite dieses Blockes ankündigt. Die kahlköpfigen Opferträger, von rechts kommend, und die links stehenden vornehm gekleideten Angehörigen des Ipuja sind von einem trockenen, spröden Stil, der bereits der Kunst der Ramessidenzeit angehört.

Zwei verschiedene Künstler haben an den beiden Seiten des Blocks gearbeitet.

Lit.: Porter-Moss, Topographical Bibliography, III², 555; J. E. Quibell - A. G. K. Hayter, Teti pyramid north side, 1927, Tf. XI; A. Radwan, in: Mitteilungen des Deutschen Archäologischen Instituts, Abteilung Kairo, 30, 1974, 121, Abb. 9, Tf. 18c.
Rückseite unveröffentlicht (nicht in Porter-Moss und Quibell-Hayter).

Ich singe dir, von deiner Schönheit trunken,
meine Hände auf der Sängerharfe.
Ich lehre die Kinder der Sänger,
die Schönheit deines Gesichts zu preisen.

Papyrus Chester Beatty IV

93

Gesicht einer Königin oder Göttin

Kairo, CG 42101 = JE 38248
Obsidian
H. 20 cm, Br. 15 cm, T. 12 cm
Aus Karnak, Statuen-Cachette
Neues Reich, 18. Dynastie,
um 1380 v. Chr.

Kompositstatuen aus verschiedenem Material treten in der ägyptischen Kunst besonders im zeitlichen Umfeld der Amarnakunst auf; Statuenteile, die die bloße Haut zeigen, werden dabei meist aus Quarzit hergestellt, dessen warmes Gelbbraun der Hautfarbe nahekommt, und werden in eine Statue eingesetzt, die aus Kalkstein oder Holz besteht. Zu den seltenen und besonders kostbaren Materialien für Kompositfiguren gehören Lapislazuli, Jaspis, Glas und Obsidian.

Das Obsidian-Gesicht wurde zusammen mit einem Halsfragment und einem Fuß gefunden, so daß sich eine lebensgroße Statue mit schwarzem Gesicht, schwarzen Händen und Füßen ergänzen läßt.

Die gerade geschnittenen Abarbeitungen rings um das Gesicht dienten der exakten Einpassung in den Kopf und der Fixierung der Perücke oder Krone.

Die handwerkliche Präzision der Bearbeitung des Obsidians ist ebenso makellos wie die stilistische Qualität im Aufbau und der Oberflächenbehandlung des Gesichts. Die Vertiefungen für die Einlagen der weit zur Schläfe ausgezogenen Augenbrauen und Augen, mit einem feinen Bohrer ausgeführt, sind trotz der scharfen Kanten im Umriß weich; der Grat um die volle Unterlippe betont die Schwellung des Mundes. In die streng geometrische Gesichtsstruktur sind beträchtliche Asymmetrien eingebaut, die dem Gesicht seine Spannung und verhaltene Lebendigkeit geben.

Die Frage nach der Identität der dargestellten Person ist schwer zu beantworten. Gemeinhin als Königskopf (Thutmosis III. oder IV.) bezeichnet, ist dieses Gesicht aufgrund der Lippenform und des Kantenverlaufs an den Schläfen doch mit größter Wahrscheinlichkeit als weibliches Bildnis zu identifizieren, das eine die Ohren bedeckende Zopfperücke trug; Material, Größe und Qualität des Kopfes schließen ein Privatporträt aus. Eine Göttin oder Königin also — näher definierbar vielleicht durch die wohl bewußt gewählte dunkle Hautfarbe: die vergöttlichte Königin Ahmes-Nefertari (vgl. Kat. 29), als Jenseitsgöttin oft schwarz dargestellt? Eine der Königsgemahlinnen vom Hof Amenophis' III., wohl Teje, deren Gesichtszüge (vgl. Kat. 31) ebenso wie ihre Namensform auf ausländische Herkunft hindeuten? Beide Möglichkeiten schließen sich gegenseitig nicht aus: Teje als Göttin auf Erden, ihr markantes, realistisches Porträt geadelt zu überirdischer Schönheit.

Lit.: Porter-Moss, Topographical Bibliography, II^2, 141; G. Legrain, Statues et statuettes (CG), 58-59, Tf. LXIV; C. Aldred, New Kingdom art, 1961, Tf. 91; W. und B. Forman - M. Vilímková, Ägyptische Kunst, 1962, 61, Tf. 68.

Meine Augen sind so groß wie Memphis,
weil ich danach hungere, Dich zu sehen.

Brief des Neuen Reiches

94

Porträtkopf

Kairo, CG 812 = JE 6366
Holz, bemalt
H. 7 cm, Br. 8 cm, T. 7 cm
Aus Sakkâra oder Gisa
Mittleres Reich, 12. Dynastie,
um 1900-1800 v. Chr.

Viertausend Jahre überbrückt der Blick dieser Augen, als ob es nur eine kleine Zeit wäre, die uns von der Gegenwart dieser Frau trenne. Zeitliche Tiefe und alte Weisheit verschmelzen mit diesseitiger Aktualität; Unnahbarkeit und Bereitschaft zum Zwiegespräch liegen unmittelbar beieinander, bilden einen Spannungsbogen.

Die suggestive Wirkung dieses Porträts liegt vor allem in seiner Weiblichkeit, in einer Schönheit, die aus der Tiefe des Wesens dieser Frau kommt, einer Schönheit, die sich den Regeln des ägyptischen Idealporträts entzieht, die den Mut zur Individualität hat, die das letztlich nicht darstellbare Geheimnis des Weiblichen sichtbar macht.

»Die Zauberreiche« werden viele Göttinnen im alten Ägypten genannt. Reich an Zauber ist auch dieses Porträt einer Ägypterin nicht-königlichen Standes, bezaubernd, verzaubernd.

Lit.: L. Borchardt, Statuen und Statuetten (CG), III, 107, Blatt 150; D. Wildung, Amenemhet und Sesostris, 1984, 90.92-93, Abb. 81.

Isis und Nephthys machen
das Kleid und das Gewand
für den Gott.

Papyrus Berlin 3055

95

Gruppenstatue

Kairo, CG 39220
Granit
H. 68 cm, Br. 36 cm

Aus Sakkâra, nahe der Unas-Pyramide
Spätzeit, 30. Dynastie, um 380 v. Chr.

Osiris, der Gott der Auferstehung, der Universalgott der ägyptischen Religion in hellenistischer und römischer Zeit, bleibt eine unvollkommene Darstellung göttlichen Wirkens und Wesens ohne die Umrahmung der Göttinnen Isis und Nephthys. Erst in der Dreiheit, in der Trinität, drückt sich das Göttliche adäquat aus. Der Mythos des ermordeten, gestorbenen Gottes, der von seiner Gemahlin Isis und deren Schwester Nephthys zu jenseitigem Fortleben geführt wird, darf wohl als Umschreibung der allgemein menschlichen Erfahrung der steten Neuentstehung von Leben aus dem Weiblichen heraus verstanden werden.
Zwei Komponenten des Wirkens der Frau sind in diesem Göttinnenpaar beschrieben: Isis ist die Mutter schlechthin, Nephthys, deren Name »Herrin des Hauses« bedeutet, ist die Verkörperung der Geborgenheit des Menschen im Schoß seiner sozialen Gruppe, sei es Staat, Stamm oder Familie.
Das unstete, bis hin zum gewaltsamen Tod gefahrvolle Leben des Mannes ist in der Gestalt des Osiris zur Ruhe gekommen in der bergenden Nähe des Hauses und der Mutter, bei Nephthys und Isis.
Die Gruppenstatue war im Grab eines Haremhab aufgestellt, der in der Rückenplatteninschrift die Grabbesucher auffordert, ein Gebet für ihn zu sprechen.

Lit.: Porter-Moss, Topographical Bibliography, III^2, 652; G. Daressy, Statues de divinités (CG), 304-305, Tf. LVIII; B. Perc, Spomeniki starega Egipta, 1974, Nr. 37.

Deine beiden Schwestern habe ich zum Schutz hinter dich gestellt.

Poetische Stele Thutmosis' III.

96

Gruppenstatue des Königs Mykerinos

Kairo, JE 40679
Schiefer, Reste von Bemalung
H. 93 cm, Br. 49 cm, T. 46 cm
Aus Gisa, Taltempel der Mykerinos-Pyramide
Altes Reich, 4. Dynastie, um 2470 v. Chr.

Götter und Menschen stehen im alten Ägypten in einem wechselseitigen Abhängigkeitsverhältnis. Ohne göttliche Begnadung und Berufung ist der König als höchster der Menschen nicht regierungsfähig, ohne Fürsorge seitens der Menschen für die Götter durch die Person des betenden und opfernden Königs sind die Götter nicht lebensfähig.

Dieses gegenseitige Aufeinanderangewiesensein ist in der Gruppenstatue des Mykerinos dem gegenseitigen Abhängigkeitsverhältnis zwischen Mann und Frau gleichgesetzt. Der König tritt mit energischem, entschlossenem Schritt in die Welt und bietet die Gewähr für geordnete politische, wirtschaftliche und soziale Verhältnisse.

Die Legitimation zu seinem Handeln aber wird ihm von zwei Göttinnen gewährt, die zu seiner Seite stehen, ihn umarmen und ihn zurückhaltend, aber bestimmt führen.

Hathor zu seiner Rechten als himmlische Muttergottheit verkörpert die Gesamtheit der Götter, die den König beschützen; die Gaugottheit zu seiner Linken, das Gauemblem des 17. Gaues von Oberägypten als Kopfputz auf ihrem Haupt, steht für die irdische Fruchtbarkeit als materieller Grundlage der Königsherrschaft. Beide Göttinnen repräsentieren somit oben und unten, den ganzen Kreislauf der Sonne, in den sie den König in ihrer Umarmung aufnehmen.

Mit seinem extrem kleinen Kopf ist Mykerinos sehr porträthaft, sehr individuell dargestellt, während die beiden Göttinnen einen überzeitlichen Idealtypus verkörpern. Die Frau als das Kontinuum strahlt Ruhe, Beständigkeit, Zuversicht aus und bändigt damit die Unruhe und Hektik des Mannes, der durch sie, die Frau, aus der Rastlosigkeit seines Tuns zur Ewigkeit geführt wird.

Lit.: Porter-Moss, Topographical Bibliography, III², 28; G. A. Reisner, Mycerinus, 1931, 109, Nr. 11, Tf. 38c, 43, 46c; C. Aldred, Old Kingdom art, 1949, Tf. 25; E. Terrace - H. Fischer, Treasures of the Cairo Museum, 1970, 45-48, Nr. 7; Katalog Götter-Pharaonen, München 1978, Nr. 5; W. Wood, in: The Journal of Egyptian Archaeology 60, 1974, 82-93; J.-P. Corteggiani, Das Ägypten der Pharaonen - Museum Kairo, 58-61, Nr. 17.

Zeittafel

Daten nach J. v. Beckerath, Handbuch der ägyptischen Königsnamen, München - Berlin 1984

Frühzeit	3100 — 2670	1. — 2. Dynastie
Altes Reich	2670 — 2600	3. Dynastie
	2600 — 2475	4. Dynastie
	2475 — 2345	5. Dynastie
	2345 — 2160	6. — 8. Dynastie
Erste Zwischenzeit	2160 — 1994	9. — 11. Dynastie
Mittleres Reich	1994 — 1781	12. Dynastie
Zweite Zwischenzeit	1781 — 1650	13. — 14. Dynastie
	1650 — 1540	15. — 16. Dynastie
	1650 — 1550	17. Dynastie
Neues Reich	1550 — 1291	18. Dynastie
	1291 — 1185	19. Dynastie
	1185 — 1075	20. Dynastie
Dritte Zwischenzeit	1075 — 718	21. — 24. Dynastie
Spätzeit	718 — 653	25. Dynastie
	664 — 525	26. Dynastie
	525 — 401	27. Dynastie
	404 — 342	28. — 30. Dynastie
	342 — 332	31. Dynastie
Ptolemäer- und Römerzeit	332 — 30	Ptolemäer
	ab 30 v. Chr.	Römer

Allgemeine bibliographische Hinweise

A. Hohenwart-Gerlachstein, Die Stellung der Frau im Alten Ägypten, Diss. Wien 1951.

J. Leipoldt, Die Frau in der antiken Welt und im Urchristentum, Leipzig 1954.

J. Pirenne, Le statut de la femme dans l'ancienne Egypte, in: La femme — Recueils de la Société Jean Bodin, XI, 1959, 63-77.

J. Vercoutter, Les femmes et l'amour au temps des pharaons, in: Miroir de l'Histoire 186, 1965, 32ff.

J. Vercoutter, La femme en Egypte ancienne, in: P. Grimal (Hrsg.), Histoire mondiale de la femme 1, 1965, 61-152.

Sh. Allam, in: Das Altertum 16, 1970, 67-81.

St. Wenig, Die Frau im Alten Ägypten, Leipzig 1967.

S. Morenz, Die Stellung der Frau im Alten Ägypten, Leipzig 1982.

A. F. Ide, Woman in the Ancient Near East, 1982, 70-100.

Lexikon der Ägyptologie, Iff., Wiesbaden 1975 ff.

Museographische Notiz

Die Objekte sind nach verschiedenen Numerierungssystemen des Ägyptischen Museums Kairo identifiziert.

Grundlegend ist das »Journal d'Entrées« (JE), das mit derzeit etwa 100000 Einträgen die Objekte in generell chronologischer Reihenfolge ihrer Inventarisierung verzeichnet; das Journal d'Entrées ist unveröffentlicht.

Der »Catalogue Général des Antiquités Egyptiennes du Musée du Caire« (CG) ist eine nach Objektgruppen gegliederte Publikationsreihe, in der ausgewählte Stücke wissenschaftlich veröffentlicht sind.

Objekte, deren JE-Nummer nicht feststellbar war, erhielten bisweilen eine »Temporary Number«. 21/6/24/12 bedeutet, daß ein Objekt am 21. 6. 1924 als zwölftes Stück dieses Tages eine »Temporary Number« erhielt.

Weitere Numerierungssysteme wie z. B. die Ausstellungsnummern, das Tutanchamun-Register und das »Special Register« spielen im Zusammenhang mit der Ausstellung NOFRET keine Rolle.

Für den Besucher des Ägyptischen Museums Kairo steht derzeit ein Kurzführer zur Verfügung:

A brief description of the principal monuments, The Egyptian Museum Cairo, Cairo 1976.

Im Verlag Philipp von Zabern ist der repräsentative Bildführer von H. Stadelmann - M. Saleh, DAS ÄGYPTISCHE MUSEUM KAIRO, in Vorbereitung.